Ingo Reinhardt

Storytelling in der Pädagogik

Eine Einführung in die Arbeit mit Geschichten

Ingo Reinhardt

STORYTELLING IN DER PÄDAGOGIK

Eine Einführung in die Arbeit mit Geschichten

ibidem-Verlag
Stuttgart

Bibliografische Information Der Deutschen Bibliothek

Die Deutsche Bibliothek verzeichnet diese Publikation in der Deutschen Nationalbibliografie; detaillierte bibliografische Daten sind im Internet über <http://dnb.ddb.de> abrufbar.

∞

Gedruckt auf alterungsbeständigem, säurefreien Papier
Printed on acid-free paper

ISBN: 3-89821-195-9

Printed in Germany

Vorwort

> "Ich suche jemanden für ein Abenteuer, das bestanden sein will, und es ist außerordentlich schwierig, jemanden dafür zu finden."
> "Das kann ich mir denken. In dieser Gegend! Wir sind ruhige Leute hier und suchen keine Abenteuer. Ein ärgerlicher, störender, unbehaglicher Zeitvertreib. So etwas verspätet nur die Mahlzeiten."
>
> *Der kleine Hobbit*
> JOHN R. R. TOLKIEN

Zugegeben: Wenn ein Geschichtenerzähler ein Fachbuch vorlegt, so klingt das erst mal komisch. Man würde vielleicht eher einen Roman oder eine Novelle erwarten. Dieser ersten Verwunderung mag man sich aber vielleicht entledigen, sobald deutlich wird, dass das Thema des Buches seine eigene Tätigkeit reflektiert, nämlich das freie, mündliche Erzählen erfundener Geschichten. Zum anderen könnte einem aber auch ein mündlicher Erzähler in der heutigen Welt der Informationsgesellschaft wie ein orales Fossil aus vergangenen Zeiten vorkommen, wie ein Don Quijote einer längst vergessenen Tradition.

Trotz solcher Skepsis hat es sich das vorliegende Buch zur Aufgabe gemacht, von Neuem wieder Lust auf mündliches Erzählen zu machen. Gewiss, es ist ein Abenteuer, der Abstieg in die narrative Welt, in deren weiter Landschaft archaische Wesen hausen und wo die alten Wegweiser nur noch schwer zu finden sind. Doch es wird sich zeigen, dass das mündliche Erzählen trotz der flimmernden Medienwelt alles andere ist als ein Ritter von trauriger Gestalt. Denn in Wirklichkeit können erst jetzt, im Kontrast zur überfrachteten Medienlandschaft, seine tiefgründigen Qualitäten bewusst erkannt werden, die dem Erzählen eine neue Exklusivität verleihen.

Inhalt

Einleitung

> Und selbst wenn eines Tages nicht mehr geschrieben oder gedruckt werden wird oder darf, wenn Bücher als Überlebensmittel nicht mehr zu haben sind, wird es Erzähler geben, die uns von Mund zu Ohr beatmen, indem sie die alten Geschichten zu neuen Fäden spinnen: laut und leise, hechelnd und verzögert, manchmal dem Lachen und manchmal dem Weinen nahe.
>
> GÜNTER GRASS
> anlässlich der Verleihung des Literaturnobelpreises

Die Erzähler und das mündliche Geschichtenerzählen, beide sind heute selten geworden. Die eigene Phantasie und Kreativität bleiben häufig abgeschaltet zugunsten von TV, PC und DVD, und es scheint, als sei den Menschen vor lauter reproduzierter Erzählungen das Erzählen selbst abhanden gekommen. Die Bilderflut der visuellen Medien drängt die Sprache an den Rand, es gilt nur noch das sichtbare oder bebilderte Wort.

Dabei wirkt der qualitative Abstand der Erzählungen, die den Menschen über Medien vermittelt werden, zu dem, was sie selbst erzählend hervorbringen könnten, tendenziell lähmend. Das Resultat ist paradox: Gerade die qualitative Steigerung in den Erzählungen der Medien schlägt sich heute in einer allgemeinen erzählerischen Unfähigkeit vieler nieder. Und weil dadurch vieles vorsprachlich bleibt, fehlen inzwischen ganzen Generationen die Worte, um sich selbst und die Welt erklären zu können.

"Wenn man einer neuen Langzeitstudie über den TV-Konsum von Jugendlichen glauben kann, ist diese Sprachlosigkeit gefährlich, weil sie auch zu nichtsprachlichen – und das heißt vor allem gewalttätigen – Problemlösungen führt"[1]. Wie aber soll im sozialpädagogischen Kontext mit dieser allgemeinen Sprachlosigkeit umgegangen werden? Welche konstruktiven Wege können beschritten werden, um Kindern wie Erwachsenen wieder zu ihrer eigenen Sprachlichkeit zu verhelfen? Der Lösungsweg aus dieser Misere führt uns zurück zum Erzählen.

[1] HEIKO ERNST im Editorial der Zeitschrift Psychologie Heute/Ausgabe Juni 2002.

Wenn wir das Einleitungszitat ernst nehmen, so wird hier das mündliche Geschichtenerzählen als das unveräußerliche Fundament aller Erzählungen ausgewiesen; ein Fundament, von dem wir uns vielleicht ziemlich weit entfernt haben.
Erzählen war und ist kein Non-Stop-Programm wie TV und Internet, und es ist heute längst nicht mehr überall so präsent wie in früheren Zeiten. Doch wenn wir genauer hinsehen, so können wir es in mancher Nische unseres Lebens wiederfinden, wo sich eine persönliche Gemeinschaft zwischen Menschen entwickelt. Hier kursieren in mündlichen Erzählungen Witze, landläufige Großstadtmythen[2] sowie die seltsamsten Alltagserlebnisse und Abenteuer. Das Erzählen von Geschichten ist hier ein Ausdruck von Gemeinsamkeit und Verbundenheit, der den Beteiligten eine persönliche Orientierung bietet und sich dadurch von der unpersönlichen Massenware der Medienerzählungen unterscheidet. Seine besondere Kraft gründet im Wesen des Menschen selbst als 'dem erzählenden Wesen'. Das Geschichtenerzählen hat hier seine archaische Wurzel, weil der Mensch selbst seit Urzeiten ein erzählender ist. Denn er kann sich selbst und die Welt erst in Erzählungen wirklich verstehen:

> Das menschliche Leben, wenn man es erzählt oder beschreibt, scheint vornehmlich aus einer Folge von Begebenheiten zu bestehen, die sich in der Erinnerung zu Geschichten verdichten.[...] Häufig sind sie nur mit einem 'Und dann' miteinander verbunden, und doch scheint sich so etwas wie ein roter Faden durch sie hindurchzuziehen, und oft genug streben sie auch deutlich erkennbar auf ein bestimmtes Ziel, auf einen Höhepunkt – oder auch mehrere – zu (HOERNING 1991: Biographieforschung und Erwachsenenbildung; S. 144).

In Biographien wird erkennbar: Der Mensch versteht sein eigenes Leben erzählend als eine Geschichte, nämlich als eine Geschichte mit einem Anfang, mit Höhe-, Tief- und Wendepunkten und mit einem Schluss. Auf diesem Hintergrund ist die Kunst des mündlichen Erzählens eine Inszenierungsform, die das individuelle Erleben eines Menschen unverwechselbar organisiert und dramatisch artikuliert. Es ist ein Mittel, subjektive Besonderheit im sozialen Raum zum Ausdruck zu bringen[3].
Das mündliche Erzählen ist eine grundlegende Form menschlicher Kommunikation, die – unbeschadet unterschiedlicher Ausprägungen – universell sein dürfte. Seine Beweggründe reichen von dem inneren Bedürfnis, sich anderen mitzuteilen und sie am eigenen Erleben und Vorstellen zu beteiligen, bis hin zu der Absicht, andere im

[2] Vgl. die sagenhaften Geschichten von heute, herausg. v. ROLF W. BREDNICH 1990 u. 1996.
[3] Vgl. BOOTHE 2000: Erzähldynamik und Psychodynamik; S. 61.

anregenden Sinn zu unterhalten oder gezielt auf ihr Denken, Fühlen und Handeln Einfluss zu nehmen.

Es ist ein Kommunikationsverfahren, das auf der emotional engagierten Darstellung eines für den Erzähler bedeutungsvollen Geschehens beruht, an dem er selbst beteiligt war, von dem er gehört oder gelesen hat oder das er sich in seiner Vorstellung ausmalt. Dabei ist es gerade für das Erzählen charakteristisch, das sich diese Kategorien auch immer wieder vermischen und somit dem Erzählen ein breites Spektrum eröffnen, in dem es sich realisieren kann. Seine Anwendung reicht von einfachen Kindererzählungen über die Erzählungen in gepflegter Konversation bis hin zu literarisch-künstlerischen Darbietungen, wobei die Übergänge fließend sind.

Innerhalb dieser breiten Anwendung des Erzählens liegt der Fokus dieser Studie auf dem mündlichen Erzählen fiktiver Geschichten und dessen psychosozialer Funktion. Im sozialpädagogischen Kontext ist dieses Thema aus zwei Perspektiven heraus interessant, denen jeweils ein eigener Teil gewidmet ist:

Teil A befasst sich in erster Linie mit der Bedeutung und der Funktion des Geschichtenerzählens im Hinblick auf den **Erzähler** selbst. Es wird erforscht, aus welchen inneren Quellen fiktive Erzählungen geschöpft werden, welche Motive und Strukturen dahinter stehen und wie sich innere Bilder und Symbole im Erzählen ausgestalten. Assoziation und Imagination sind hierfür zentrale Oberbegriffe. In diesem Sinne wird hier mündliches Erzählen als ein innerpsychischer Prozess des Erzählers verstanden, dessen Produkt die Erzählung ist und der selbst wiederum anhand der Gegebenheiten in der 'narrativen Welt' der Geschichte betrachtet werden kann.

Daran anknüpfend ergänzt Teil B die Wirkung und Funktion dieses Erzählens im Hinblick auf die **Zuhörer** sowie die Besonderheiten narrativ-fiktionaler Kommunikation und Rezeption. Dabei spielen pädagogische und therapeutische Aspekte des Erzählens eine besondere Rolle, denn "Erzählungen sind Formen der Erfahrungsverarbeitung, die zugleich der Erfahrungsübermittlung dienen"[4].

Beide Teile werden jeweils mit einem praktisch orientierten Kapitel abgeschlossen, um den theoretischen Erkenntnissen einen konkreten Bezug zur pädagogischen Praxis zu verleihen. Am Schluss des ersten Teils stehen dabei gemeinschaftliche Spiele im Mittelpunkt, die den inneren Prozess des Geschichtenerfindens anregen und unterstützen. Im zweiten Teil geht es dagegen um die Arbeit an der äußeren Wirkung des Geschichtenerzählens, wobei der Schwerpunkt im Bereich der Selbstwahrnehmung

[4] WIEDEMANN 1986: Erzählte Wirklichkeit; S. 57.

und Selbsterfahrung liegt. Die dort vorgestellten Übungen zu Stimme, Körpersprache und Bewegung sind als Vorschläge gedacht, um sich selbst und andere im Erzählen 'wahr' zu nehmen.

Aus diesen Ausführungen wird bereits deutlich, dass wir uns mit dem mündlichen Erzählen auf einer Reise zwischen Innen und Außen befinden, zwischen Ich und Du, zwischen innerem Erleben und äußerem Ausdruck. Um bei dieser Expedition keinen Schiffbruch zu erleiden, müssen wir eine sichere Basis als unseren Ausgangspunkt wählen. Das kann nur die Basis sein, die in jedem Menschen ruht und unabdingbar sein persönlichstes Eigentum ist. Sie liegt in ihm selbst, in seinem Wesen und Bewusstsein, begründet und allein von dort kommen alle Erzählungen und Geschichten. In diesem Sinne: "Sesam, öffne dich!"

Teil A: Erzählen heißt: sich selber zuhören

> Was geschieht beim Erzählen mit mir? Früher wusste ich kluge und prägnante Antworten zu geben. Heute bin ich bescheidener und kann nur Vermutungen äußern, weil sich Erzählen wie vieles im Leben einer genauen Analyse entzieht. Ich weiß nur, dass Erzählen eine Voraussetzung hat, die am wenigsten beachtet wird: zuhören.
>
> RAFIK SCHAMI

Zuhören bedeutet, jemandem Aufmerksamkeit und Vertrauen zu schenken. Sich selber zuhören meint daher im übertragenen Sinne, das Vertrauen zu sich selbst gewinnen, sich selbst mit seinen eigenen Erfahrungen und Phantasien kennen zulernen und diesen inneren Reichtum wertschätzend anzunehmen. Für diesen Prozess kann das Üben des Erzählens eine große Hilfe sein: "Der Erzählende lernt, sich gleichsam selbst zuzuhören und damit im weiteren auch, sich zu akzeptieren in seiner eigenen Individualität"[1].

Die Fähigkeit dieses inneren Zuhörens, des Lauschens auf die Emotionen der Seele, ist nicht nur unabdingbar, um mit sich selbst in wertschätzender Weise umgehen zu können. Es ist auch die Grundvoraussetzung, um anderen zuzuhören und spüren zu können, was sie oder ihn gerade bewegt. Dieses besinnliche und introvertierte Element bildet die Grundlage allen extrovertierten Erzählens, da nur hier Geschichten entstehen und wirken können. Von hier aus nehmen sie Bezug auf die Zuhörer, machen sie neugierig oder auch nachdenklich. Erzählen und Zuhören, beides gehört zusammen als eine soziale und kommunikative Kompetenz, die für das menschliche Miteinander bestimmend ist. Daraus wird erkennbar, dass es eine bestimmte Haltung ist, die mit dem Geschichtenerzählen in Zusammenhang steht. Es ist eine Haltung, in der sich der Mensch vom inneren Erleben inspirieren lässt, in der er sich Geschichten weniger bewusst 'ausdenkt', sondern vielmehr aus halb bewussten Ebenen der Psyche 'empfängt'. Hier liegt der Schlüssel zum Verständnis des Erzählens als einer Heil bringenden Quelle.

[1] LIEBS 1982: Das Recht auf Vorfahrt; S. 188.

1 Die Quellen des Erzählens

Da sprach der Alte: "Ich weiß ein Mittel, das ist das Wasser des Lebens, wenn er davon trinkt, so wird er wieder gesund; es ist aber schwer zu finden."

Das Wasser des Lebens
Kinder- und Hausmärchen
der BRÜDER GRIMM

Erzählen als Wasser des Lebens scheint mir ein sehr (be-)deutungsvolles Bild zu sein. Nicht nur, weil das Erzählen von Geschichten selbst ein besonders lebendiger Prozess ist, sondern vor allem, weil menschliches Leben, unser aller In-Geschichten-verstrickt-Sein, erst in der Erzählung eine deutliche Gestalt erhält. Wir alle leben in Ereignissen und Geschichten, die sich zwischen uns und unserer Umwelt abspielen, und wir sind wiederum aus den Ereignissen und Geschichten all unserer Vorfahren erst hervorgegangen. Heute beginnt sich langsam ein Bewusstsein für solche generationsübergreifenden und systemischen Zusammenhänge zu erneuern. Unser Blick aber reicht in der Regel nur wenige Generationen zurück und verliert sich auch in der Zukunft bereits nach wenigen Jahren.

Im Erzählen allerdings wird es möglich, die unsichtbaren Zusammenhänge zwischen einem Individuum und seiner Umwelt auf eine umfassende Weise abzubilden. Denn jede erzählte Geschichte ist eigenes System, ein ganzheitlicher Zusammenhang aus Erfahrung, Selbstbewusstsein und Phantasie ihres Erzählers, in der unzählige Beziehungen und Bedeutungen enthalten sind. Geschichten erzählen und verstehen bedeutet dadurch auch immer, Lebenszusammenhänge zu verstehen und auf diese Weise voneinander zu lernen.

Trotzdem oder vielleicht deswegen ist aufrichtiges Erzählen schwer zu finden. Zu groß ist die Angst, etwas von sich selbst zu zeigen, zu gering scheint die Achtung vor der eigenen Erfahrung und Kreativität und deren Bedeutsamkeit für andere.

Die Quellen des Erzählens versiegen statt dessen oft unter Stress und Zeitdruck. Die eigene Erfahrung und Phantasie ist zu wenig gefragt und wird deshalb immer mehr in der Persönlichkeit vergessen. Doch räumt man das Geröll beiseite und fängt an zu graben, so klärt sich das Wasser allmählich wie von selbst.

1.1 Erfahrung

> Der Erzähler nimmt, was er erzählt, aus der Erfahrung; aus der eigenen oder berichteten. Und er macht es wiederum zur Erfahrung derer, die seiner Geschichte zuhören.
>
> *Der Erzähler*
> WALTER BENJAMIN

Etymologisch betrachtet, geht das Verb *erzählen* auf den Wortstamm *zählen* im Sinne von aufzählen, zusammenzählen, berichten zurück[1]. Damit ist zunächst einmal die Menge der zählbaren Fakten gemeint. Im Unterschied zum eher rechnerischen *Zählen* besitzt *Er-zählen* allerdings eine Vorsilbe, welche eine Ausdehnung[2] kennzeichnet, wie es auch bei *Er-fahren* der Fall ist.

Diese Ausdehnung steht für den Sachverhalt, dass eben nicht nur die äußeren Fakten aufgezählt, sondern auch die inneren Empfindungen und ihre Verbindungen erzählt werden. Ebenso verhält es sich auch mit der **Erfahrung**, die nicht nur aus der Summe der erlebten Ereignisse besteht, sondern ein inneres Netzwerk ist, das objektive und subjektive Eindrücke miteinander verbindet. Sie ist der Speicher, aus dem letztlich jede Erzählung schöpft und in den jede Erzählung wiederum als eine neue Erfahrung eingeht: "Die Erfahrung jedes Menschen ist sein persönlichstes, meist auf eigenen Erlebnissen beruhendes Gedankengut und für keinen anderen in derselben Weise verfügbar. Der Austausch von Erfahrungen ist ein Hauptgegenstand zwischenmenschlicher Beziehungen."[3]

Da jeder seine eigenen – zudem mit Freuden oder auch mit Leiden verbundenen – Erfahrungen sammelt, fordern diese zur Kommunikation und zum Erzählen, zum Mitfreuen oder zum Mitleiden auf. Das erfahrungsbezogene Erzählen konstituiert dadurch nicht nur das kognitive, sondern vor allem auch das emotionale und soziale Miteinander der Beteiligten, die sich über Geschichten austauschen.

[1] Vgl. DUDEN "Etymologie" 1989, S. 822: Das Verb *zählen* gehört wahrscheinlich zu einer indogermanischen Wurzel, die *spalten, kerben, schnitzen* bedeutet.
Zahl (vgl. niederl. *taal* "Sprache", engl. *tale* "Erzählung") würde demnach urspr. *Einschnitt* bedeuten.

[2] Vgl. die Bedeutung bei *erfüllen, erklingen, ergießen.*

[3] KOLLER 1989: Vom Wesen der Erfahrung; S. 11.

1.1.1 Primär- und Sekundärerfahrung

Die grundlegendste und unmittelbarste Art von Erfahrung (Primärerfahrung) bildet die Sinneswahrnehmung (Reiz - Reaktion): die Verknüpfung einer bestimmten Gegebenheit mit einem Sinneseindruck (*Ich schmecke eine saure Zitrone – die Zitrone ist sauer*).

Eine solche Erfahrung wird um so komplexer, je mehr Sinneseindrücke und Gefühle an ihr beteiligt sind. Das spiegelt sich in dem bekannten Ausdruck *eine (Lebens-) Erfahrung machen* wieder, denn er bezieht sich letztlich auf die hoch komplexen Verknüpfungen von bestimmten Gegebenheiten und Situationen mit Handlungen, Sinneseindrücken und Gefühlen, sowie den daraus entstehenden Konsequenzen wiederum als Situationen, Handlungen, Sinneseindrücken und Gefühlen.

Die Vielzahl der Sinneseindrücke von den verschiedenen Sinnesorganen wird vom Gehirn zu einem Gesamtbild der jeweiligen Situation zusammengefügt, das mit den bestimmenden Gefühlen der Situation verknüpft ist. Dieses 'Bild' wird als solches im Gedächtnis je nach Intensität und subjektiver Bedeutung gespeichert. Die Erinnerung funktioniert daher über innere Bilder, da nur Bilder die Vielzahl der flüchtigen Sinneseindrücke und Gefühle für längere Zeit als Erfahrung konservieren können. Diese Art der Erfahrung ist also nichts anderes als die Verknüpfung von unzähligen Sinneseindrücken, die sich in der Verknüpfung der Nervenzellen manifestiert und vom Individuum als eine Art Bild erinnert werden kann.

Neben dieser Art von Primärerfahrung durch die unterschiedliche Reizung verschiedener Sinnesorgane existiert aber auch die Sekundärerfahrung durch eine intensive und systematische Reizung bestimmter Sinnesorgane (*i.d.R. Augen/Ohren beim Lesen oder Zuhören)*. Denn nicht nur durch unsere eigene Erfahrung lernen wir, sondern vor allem durch die Erfahrungen anderer, die uns vermittelt werden. Das geschieht häufig in Form von Geschichten, durch die wir am meisten über die Abhängigkeiten des Lebens und das Miteinander zwischenmenschlicher Verhältnisse lernen. Wir haben bestimmte Lieblingsgeschichten und –filme, die uns sehr berühren und die oft unbewusst unsere Entscheidungen und unser Verhalten, ja letztlich unseren ganzen Lebenslauf prägen[4]. Sie fungieren unterbewusst als Vorbilder in der Phantasie, wir-

[4] Mit diesen Lebensskripten und ihrer Bedeutung befasst sich ein Teilbereich der Psychologie: die Skriptanalyse. Vgl. PETZOLD/PAULA 1976: Transaktionale Analyse und Skriptanalyse; S. 105f.

ken von dort auf unseren Alltag zurück und vermitteln uns damit Möglichkeiten, wie wir Probleme in der Realität lösen können.
Diese Sekundärerfahrungen bauen auf dem Netzwerk der Primärerfahrung auf, indem sie bestimmte Primärerfahrungen mit analogen Sachverhalten der Sekundärerfahrung verbinden und neue Verknüpfungen schaffen. Ihr Erfahrungsschatz ist ein Wissen, das zwar abstrakter aber dadurch auch weitreichender ist als die unmittelbaren Primärerfahrungen (*Man kann vom Untergang der Titanik wissen, ohne selbst an Bord gewesen zu sein*).

1.1.2 Aktive und passive Erfahrung

Primär- und Sekundärerfahrung durchdringen einander und stehen im täglichen Leben ununterbrochen miteinander in Wechselwirkung: Denn der Mensch erfährt und beurteilt etwas von anderen immer auf dem Hintergrund seiner eigenen Erfahrung. Diese strukturiert seine Wahrnehmung, leitet seine Aufmerksamkeit und bildet so den individuellen Interpretationsrahmen, innerhalb dessen neue Erfahrungen bewertet und organisiert werden. Die Verarbeitung der neuen Eindrücke und deren Vergleich mit eigenen Erfahrungen regt wiederum die eigene Gefühle, Gedanken und Ideen an, die nach Ausdruck und Mitteilung verlangen.
Dieser Komplex von Erfahrung, deren Verarbeitung und Vermittlung ist für das Erzählen konstitutiv. Die daraus resultierende schöpferische Tätigkeit des Erzählens, das Formen und Umgestalten von Erfahrungen in Geschichten, ist das zentrale Moment, welches Geschichten erfinden und erzählen mit Erziehung und Pädagogik verknüpft. Allerdings weniger im normativen Sinne, der zielgerichtet bestimmte Erfahrungen durch bestimmte Geschichten vermitteln will, sondern im Vertrauen auf die Selbstregulierung und Selbstaktualisierung[5] des Individuums. Das allein genügt und ist bereits Heilung, da jeder ein inneres Bedürfnis hat nach Organisation und Neuorganisation seiner Erfahrungen in einem kreativen (Erzähl-)Prozess, der sich in einem wertfreien Raum ereignen kann. Die besondere Stellung dieser schöpferischen Seite von Erfahrungsverarbeitung betonte der amerikanische Philosoph und Pädagoge JOHN DEWEY bereits 1935:

[5] ROGERS 1976: "Der Ursprung der Kreativität ist anscheinend die gleiche Tendenz, die uns in der Tiefe als die heilende Kraft der Psychotherapie begegnet – *das Bestreben des Menschen, sich selbst zu aktualisieren, seine Möglichkeiten zu werden*" (S. 340).

> Man glaubt oft, dass die Erfahrung nur aus dem besteht, was einem begegnet, wie ich zum Beispiel mit einer Brandwunde meine Erfahrung mache. Diese passive Seite ist bekannt, aber sie bedeutet nicht alles und ist auch für Lernzwecke nicht der wesentlichste Teil. Was am meisten zählt, ist das, worauf wir tätig oder besser noch mit schöpferischer Initiative reagieren. Genau betrachtet, hat die Erfahrung eine passive und eine aktive Seite. Beide sind notwendig, beide belehren uns. Aber durch die aktive Seite erreichen wir die höchste Lebensstufe. Durch sie erheben wir uns am meisten über Pflanze und Tier (DEWEY 1935: Der Projekt Plan; S. 71).

Im Unterschied zu anderen Formen kreativer Erfahrungsverarbeitung in bildender Kunst oder Musik gründet das Erzählen nicht nur auf persönlicher Erfahrung und setzt diese schöpferisch um, sondern betont darüber hinaus auch den Zusammenhang dieser Erfahrungen[6]. Denn in jeder Geschichte gibt es den bekannten roten Faden des Erzählers, auf dem die Episoden der handelnden Figuren wie auf einer Perlenkette aufgereiht werden. Erst dieser Zusammenhang bildet die charakteristische Form einer Geschichte aus und erzeugt ein Gefühl von Geschlossenheit und Ganzheit, da sich hier die Ereignisse gegenseitig bedingen und zeitlich auseinander hervorgehen.
Primär- und Sekundärerfahrungen mit ihren aktiven und passiven Aspekten bilden auf diese Weise ein Netzwerk und sind dadurch die zentrale Quelle für Geschichten. Zwischen diesen Ebenen kann das geschehen, was man als Inspiration bezeichnet: Die spontane Verknüpfung von verschiedenen Elementen auf unterschiedlichen Erfahrungsebenen. Dieser Vorgang ist die Voraussetzung für das Erfinden von Geschichten, was in Kap. 5 durch kreative Methoden weiter eröffnet wird.
Für das Erzählen aus diesem Erfahrungsschatz heraus ist allerdings Folgendes zu beachten: Je lebendiger (d.h. unmittelbarer) die eigenen (Primär-)Erfahrungen sind, die der jeweiligen Geschichte zugrunde liegen, desto lebendiger und authentischer kann diese Geschichte erst erzählt werden. Ein anschauliches Beispiel dafür liefert der bekannte Autor UMBERTO ECO, der in Paris, mitten in der Nacht, seiner eigenen Romanfigur auf den Versen ist:

> Im Kapitel 115 meines Romans *Das Foucaultsche Pendel* läuft der Erzähler Casaubon in der Nacht vom 23. zum 24. Juni 1984, nachdem er eine dämonische Zeremonie im Pariser Conservatoire des Arts et Métiers mitangesehen hat, wie benommen die ganze Rue Saint-Martin hinunter, kreuzt die Rue aux Ours, gelangt zum Centre Pompidou und dann zur Kirche Saint-Merry und irrt von dort weiter durch mehrere Straßen, die alle namentlich genannt werden, bis zur Place des Voges. Ich muss sagen, um dieses Kapitel

[6] DEWEY über diesen Zusammenhang von Erfahrungen: "Jede einzelne Erfahrung mag für sich lebendig, kraftvoll und interessant sein und doch kann ihre Zusammenhanglosigkeit desintegrierte, zerstreuende Verhaltensformen entstehen lassen. Aus solchen Verhaltensformen folgt dann die Unfähigkeit, künftige Erfahrungen zu beherrschen" (DEWEY 1974: Psychologische Grundfragen der Erziehung; S. 253).

> zu schreiben, bin ich mehrmals bei Nacht dieselbe Strecke gegangen, mit einem Diktaphon in der Hand, um festzuhalten, was ich sah und was ich dabei empfand (ECO 1994: Im Wald der Fiktionen; S. 104).

Diese äußeren wie inneren Vorgängen beleben einerseits die Phantasie des Menschen und seine Fähigkeiten der Vorstellungskraft und Imagination. Auf der anderen Seite bewirkt das persönliche Angebundensein an lebendige Erfahrungen aber auch eine gesteigerte Entwicklung von Selbstvertrauen und Selbstbewusstsein. Ohne dieses Selbstvertrauen und die innere Übereinstimmung mit seinen Erfahrungen kann ein Erzähler nicht vor die Zuhörer treten, denn sonst würde er sie anlügen. Er steht in diesem Moment dort als die Person, die er jetzt ist. Das ist alles, worauf er vertrauen kann und vertrauen muss. Es ist seine Armut, wenn er auf einer wie auch immer gearteten Bühne erscheint.

Doch im Erzählen verwandelt sich diese Armut in den Reichtum, von dem das Publikum hören will. Es sind die Erfahrungen des Erzählers, seine Meinungen und sein Verhältnis zu der erfundenen Geschichte, die ins Erzählen mit einfließen und die die Zuhörer interessieren. Es ist seine Mimik und Gestik, seine Stimme und Sprache, die aus der inneren Kongruenz der ganzen Person sprechen.

Einen lebendigen Erzähler darf man deshalb nicht verwechseln mit einem Buch oder einem Video. Seine Qualität ist eine völlig andere, denn selbst die beste Geschichte kann ihre Zuhörer kaum erreichen, wenn dahinter keine selbstbewusste Persönlichkeit erkennbar wird. "Die Grundlage allen Erzählens und allen erzählerischen Übens ist Vertrauen. Um dieses als energievolle Kraft aufzubauen, sind für jeden von uns verläßliche Quellen notwendig."[7]

[7] OEHLMANN 1995: Garantiert erzählen lernen; S. 32.

1.2 Selbstbewusstsein

> Wahr soll erscheinen, was erzählt wird, selbst wenn die Wahrheit absonderlich daherkommt. Im Gesicht des Erzählers soll sie der Zuhörer erkennen können.
>
> JAN SWAGERMANN

Die Ausprägung von Selbstvertrauen und **Selbstbewusstsein** ist für die menschliche Psyche eine zentrale Eigenschaft, die nicht angeboren ist, sondern die sich von der Kindheit an langsam entwickelt. Sie besteht gerade in einem positiven Zugang zum eigenen Erfahrungsschatz, der allerdings häufig durch viele Frustrationen und enttäuschende Erlebnisse der Vergangenheit blockiert ist. In dieser Hinsicht spielt auch die Erziehung eine entscheidende Rolle:

> Würde man ein Jahr lang die Erziehungsweise der Eltern beobachten und jedes Lob und jeden Tadel zählen, würde man entdecken, dass auf ein Lob zehn tadelnde Bemerkungen kommen. Eine Umfrage unter deutschen Eltern hat gezeigt, dass viele Eltern eher geneigt sind, zu strafen als zu loben. Manche glauben sogar, dass die Erziehung ihrer Kinder auch ohne Lob möglich sei. Das geht natürlich an der Seele des Kindes nicht spurlos vorbei. Wie soll es sich für wertvoll halten, wenn es soviel falsch macht, wenn sowenig lobenswert ist? (LAUSTER 1992: Selbstbewusstsein; S. 39).

Aus diesem erzieherischen Dilemma, das uns alle mehr oder weniger stark geprägt hat, erwachsen innere Ängste vor sich selbst und vor anderen Menschen. Die Entwicklung eines natürlichen und gesunden Selbstvertrauens wird dadurch verhindert. Denn wir haben unbewusst verinnerlicht, dass wir gewisse negative Eigenschaften besitzen, die niemand entdecken soll. Deshalb halten wir vieles in unserem Innern zurück und verdrängt kreative Impulse lieber, um nicht das Risiko einer möglichen Abwertung durch andere eingehen zu müssen. Doch dadurch bleiben wir stets hinter unseren Möglichkeiten zurück und verpassen letztlich die Chancen, uns selbst und dem, was wir eigentlich sein könnte, näher zu kommen.

1.2.1 Der Umgang des Erzählers mit sich selbst

Für die Beschäftigung mit dem Erzählen ist dies die Ausgangslage, der wir ins Auge schauen müssen: *'Ich kann nicht erzählen...mir fällt nichts ein...es hört sich nicht gut an...'* sind häufig die ersten Sätze, die einem bei diesem Thema begegnen. Es ist leicht einzusehen, dass solche Fixierungen und Bewertungen aus starren Leistungsvorstellungen heraus kein kreatives Handeln zulassen. Und weil man das eigene Versagen zu kennen glaubt und im voraus schon erwartet, traut man sich lieber gar nicht erst an das Erzählen heran.

Wie soll aber mit dieser Ausgangslage voller Befürchtungen umgegangen werden? Hier beginnt nun tatsächlich das eigentliche und für jeden persönliche Abenteuer des Erzählens. Es ist vielleicht eines der letzten Abenteuer, das für immer und ewig eines bleiben wird, und es gibt genau zwei Wege damit umzugehen: Entweder man geht auf das Abenteuer ein, was Mut verlangt und Belohnung verdient, oder man lässt es sein, was sicherer ist. Hier muss man sich entscheiden.

Unter welchen Bedingungen eine solche Entscheidung steht und womit sie schließlich belohnt wird, zeigt die Schilderung einer sozialpädagogischen Projektarbeit von CHRISTEL OEHLMANN:

> Immer wieder erlebte ich, dass die Studenten fassungslos mit ansehen mussten, wie die Kinder bei der Ankündigung, jetzt werde eine Geschichte *vorgelesen*, unruhig wurden und sich spätestens beim Aufschlagen des Buches lachend davonstahlen. Erst als die Studenten in einem Anflug von verzweifelter Selbstüberwindung das Buch wegließen und, mutig den Blickkontakt mit den Kindern aushaltend, anfingen, in ihrer eigenen Weise, unvollkommen, aber *frei* zu erzählen, entstand plötzlich eine bisher so nicht erfahrene lebendige und schöpferische Atmosphäre. Plötzlich war der Kontakt da, eröffnete sich ein Raum für faszinierende persönliche Wahrnehmung, für die Möglichkeit, einen Menschen un-*mittel*-bar, das heißt ohne zwischengeschaltete Mittel oder Medien, zu erleben, und zwar als den, der er eigentlich ist (OEHLMANN 1995; S. 25, Hervorh. IR).

Die Selbstüberwindung im Sinne von Überwindung der eigenen Ängste und Befürchtungen spielt hier eine zentrale Rolle. Sie ist das Tor, durch das jeder Erzähler immer wieder schreiten muss. Vor jeder Geschichte, die erzählt werden soll, steht dieses Tor wie eine Art Schwelle, die den Erzähler zunächst vom Erzählfluss trennt. Es ist das gewisse Lampenfieber, das immer auftritt, wenn man seinen alltäglichen Sicherheitsbereich verlässt und in einer Unsicherheit bestehen muss. Man erkennt diese Situationen deutlich an einem flauen Gefühl in der Magengrube, an nervösem Zittern und

vermehrtem Schwitzen. Das freie Erzählen bietet hier allerdings eine kreative Möglichkeit, den Umgang mit diesem schwierigen Gefühl zu üben, was auch für andere Lebensbereiche hilfreich sein kann.
Zugegeben: Diese Angst ist kein angenehmes Gefühl und wird häufig als bedrückend und belastend empfunden. Trotzdem sollte man als Erzähler mit zunehmender Erfahrung dieses Gefühl nicht verdrängen, sondern vielmehr zu schätzen lernen. Es lohnt sich, seine Symptome gut zu kennen, um beobachten zu können, wann genau es auftritt. Denn es zeigt einem mit aller Deutlichkeit den Punkt, wo man seinen gewohnten Sicherheitsbereich verlässt und sich der eigenen Unsicherheit zu stellen beginnt. Es sagt einem also etwas ganz bestimmtes über die eigene Person und Situation, das man als Feedback für sich selbst nutzen kann: Das wahrnehmende Üben und der wertschätzende Umgang mit den bedrohlichen Gefühlen erweitern auf diese Weise mit jeder Erzählung den eigenen Sicherheitsbereich. Durch die Bewusstmachung dieser konstruktiven Funktion kann dieses Gefühl einen Teil seiner sonst so bedrückenden Wirkung verlieren.
Neben diesem mentalen belastet den Erzähler allerdings noch der körperliche Aspekt der nervlichen Anspannung, das nervöse Zittern, das allzu oft als Schwäche empfunden wird. Doch auch dieser Aspekt kann in konstruktiver Weise genutzt werden, wenn man sich vergegenwärtigt, dass es sich bei der nervlichen Anspannung um Spannung, also um eine Energie handelt. Im übertragenen Sinn ist es der vor Spannung zitternde Bogen, der einen kraftvollen Pfeil auf den Weg zu bringen vermag. Auf die gleiche Weise kann die Anspannung des Erzählers durch seine Authentizität in die Emotionen seiner Geschichte einströmen, um die Zuhörer dadurch unmittelbar zu erreichen. Das ist ein konstruktiver Weg, der die Intensität jeder erzählten Geschichte steigern kann, indem auch die unbehaglichen Gefühlen wertschätzend anerkannt und genutzt werden. Denn würde man versuchen, diese zu ignorieren oder zu verdrängen, da man glaubt, über ihnen stehen zu müssen, so hätte dies nur eine steife und verkrampfte Erzählweise zur Folge. Jeder Zuhörer würde sogleich bemerken, dass sich der Erzähler nicht in Übereinstimmung mit sich selbst befindet.
Sind wir also bereit, durch diese bedrohlichen Gefühle hindurch zu gehen, winkt ein persönlicher Gewinn in Form von Selbsterfahrungen, welche die eigene Sicherheitszone erweitern und die eigene Emotionalität steigern können. Was uns zunächst vom Erzählfluss durch eigene Befürchtungen trennte, schafft plötzlich den Kontakt zum eigenen, lebendigen Erzählen. Hat man diese Schwelle erst einmal überschritten, so spürt man deren Kraft im Rücken und kann sich vom Erzählfluss treiben oder gar

mitreißen lassen. Um dies auszuprobieren und weiter zu üben ist ein gemeinschaftlicher Erzähl-Workshop besonders hilfreich, in dem allen Teilnehmern durch bestimmte Rahmenbedingungen diese Möglichkeiten eröffnet werden.

1.2.2 Rahmenbedingungen des Erzählen-Lernens

Um die Selbstüberwindung gerade für Erzählanfänger und Menschen mit weniger ausgeprägtem Selbstbewusstsein zu erleichtern, ist es sinnvoll, die allgemeine Hemmschwelle durch festgelegte Rahmenbedingungen und Absprachen herabzusetzen. Diese Regeln dienen dazu, einen bestimmten (Lern-)Bereich zu eröffnen, der vom alltäglichen Miteinander abgegrenzt ist. Sie bilden im übertragenen Sinne den festen Rahmen für ein Kunstwerk, der notwendig ist, um eine Leinwand als Raum kreativen Schaffens aufzuspannen und einzugrenzen.
Die Leinwand selbst allerdings ist zunächst leer, sie enthält keinerlei feste Regeln oder Verhaltensnormen, wie erzählt werden soll, sondern sie will jeden nur dazu ermutigen, seine eigenen Ausdrucksformen zu finden und auszubauen. Dadurch soll ein Erzähl-Workshop ein offenes Forum werden, in dem sich jeder nach seiner eigenen Entscheidung einbringen kann, ohne irgendwelche Kritik oder Abwertung von anderen befürchten zu müssen. Dadurch können alle voneinander lernen und an Selbstvertrauen wachsen.
Dieser äußere Rahmen der Absprachen, der das Erzählen-Lernen umgeben sollte, besteht aus den folgenden vier Seiten:

1. Die Bewertungsfreiheit seitens der Leitung
Um anderen diesen wertschätzenden Umgang mit sich selbst zu vermitteln, ist es außerordentlich wichtig, dass die Leitung eines Erzähl-Workshops diese Zusammenhänge kennt und ihnen Raum gibt. Alle Bewertungen und voreiligen Tipps, wie man etwas besser machen kann, verschließen jedoch oft die Türen und verkleinern den Raum, der jeden zum Wachsen einladen soll. Einen äußeren Kriterien-Katalog darüber aufzustellen, wie gutes Erzählen auszusehen hat, wäre daher ein Holzweg. Man merkt es nur in der Kongruenz und Authentizität des Erzähler zu sich selbst, wie einfühlsam er eine Geschichte zu vermitteln vermag. Das allerdings braucht Zeit und Raum, um sich entwickeln zu können und die Leitung kann

letztlich nur auf den Umgang des Erzählers mit sich selbst und dessen Beziehung zur Geschichte verweisen:

> Also wäre es falsch, gleich zu Beginn Fertigkeiten im Erzählen über reglementierende Anforderungen lehren und lernen zu wollen. Zu einem späteren Zeitpunkt, wenn ein Erzähler bereits frei und aus persönlicher Kongruenz heraus zu erzählen begonnen hat, können entsprechende Anleitungen auf ausdrücklichen Wunsch natürlich in Form von Angeboten und Empfehlungen gegeben werden. Im allgemeinen aber nehmen Erzählfertigkeiten ihren eigenen Weg und vervollkommnen sich parallel mit der individuellen Entwicklung, so daß es die wichtigste Aufgabe ist, an dieser und an der eigenen Lebendigkeit zu arbeiten, an der Stärkung unseres Selbstwertgefühls wie am Erschließen unserer schöpferischen Quellen (OEHLMANN 1995; S. 28).

2. Die Bewertungsfreiheit seitens der Teilnehmer

Was für die Leitung gilt, gilt in gleicher Weise natürlich auch für die Teilnehmer. Hier steht allerdings im Vordergrund, dass nicht nur Rangordnung, Regeln und Zurechtweisungen zu Bewertungen zählen, sondern auch eine große Anzahl von allgemein üblichen Verhaltensweisen und Worten des Alltags, die Bewertungen einschließen.

Dabei steht außer Frage, dass es immer Menschen und Erzähler-Persönlichkeiten gibt, die dem einen mehr gefallen und dem anderen weniger, wie auch jede Geschichte den einen ansprechen und einen anderen langweilen kann. Doch das ist nicht der Punkt, um den es beim Erzählen-Lernen gehen kann.

Statt dessen steht hier die oben besprochene Selbstüberwindung im Vordergrund, unter der alle Teilnehmer gleich sind. Die Tatsache also, dass sich ein Teilnehmer diesen Sprung über den eigenen Schatten zu tun wagt, ist vor aller Erfahrung lobenswert und verdient Respekt. Dieser Mut sollte von allen mit Applaus belohnt werden, völlig unabhängig davon, wie verbesserungsfähig das Erzählen und die Geschichte auch sein mögen. Denn nur aus diesem positiven Feedback kommt letztlich die Kraft, noch etwas mehr von sich zu zeigen, sich mehr zu trauen oder wirklich etwas anders zu machen.

3. Eine Atmosphäre des Vertrauens schaffen

Die beiden ersten Rahmenbedingungen zeigen bereits auf, dass es in der Arbeit mit dem Erzählen um ein gemeinsames Miteinander geht, in dem Beurteilungen, die bestimmte Teilnehmer abgrenzen und damit schwächen, streng zu vermeiden sind. Denn im Erzählen gibt es unendlich viele Wege individuellen Ausdrucks, und jede Erzähler-Persönlichkeit hat ihre eigenen, die von vornherein ihre volle Berechtigung in sich tragen.

Diese Berechtigung kann aber erst in einer Atmosphäre des Vertrauens ihre sichernde Wirkung entfalten, wo sich alle in ihrem So-Sein angenommen fühlen. Es ist diese innere Gemeinschaft, die bewirkt, dass das individuelle Geltungsstreben nicht zu arrogantem Egoismus verkommt[8].

Wahres Selbstbewusstsein und persönliche Größe kann nur gewinnen, wer sich den anderen gleich fühlt, denn das Größte, was wir haben, ist das, was wir mit allen Menschen teilen. Wer das anerkennt, weiß sich groß und zugleich mit allen anderen verbunden. Daher überhöht uns dieses Selbstbewusstsein nicht, sondern es macht uns ebenbürtig. Offenheit und bedingungslose Wertschätzung für alles, was da kommen mag, sind die Grundkonstanten, die ein solches Miteinander ermöglichen.

4. Den Weg als Ziel anerkennen

Letztlich schließt sich der Rahmen der Abmachungen durch den Konsens aller Beteiligten über die Zielsetzung ihrer gemeinsamen Tätigkeit. Den Weg als Ziel anerkennen bedeutet hier, sich trotz aller Unsicherheiten gemeinsam dem Prozess des Erzählens anzuvertrauen. Denn der Prozess ist wichtiger als ein (möglichst schnelles) Ergebnis. Er ist die fundamentale Voraussetzung für alle Ergebnisse, die möglich werden.

[8] Vgl. LAUSTER 1992; S. 66: "...; die >Erziehung zur Gemeinschaft< ist die richtige Bewältigung der Minderwertigkeit. Das Geltungsstreben soll sich im Dienst an der Gemeinschaft erfüllen."

1.3 Phantasie

> Phantasie ist wichtiger als Wissen. Denn Wissen ist begrenzt.
>
> ALBERT EINSTEIN

Im freien Erzählen von Phantasiegeschichten kommt der **Phantasie** selbst natürlich eine Schlüsselrolle zu. Sie bildet hier als dritte Quelle des Erzählens die Grundlage aller weiteren Überlegungen und den Einstieg in eine ganzheitliche Wirklichkeit des Menschen, die Wandel und Verwandlung bedeutet.

Diese Schlüsselrolle sei deshalb besonders betont, weil sie der natürlichen Position der Phantasie innerhalb menschlicher Tätigkeiten entspricht, obwohl sie in den meisten Zusammenhängen eher unterschätzt, missachtet oder ausgegrenzt wird.

Seit Aristoteles wissen wir, dass sie zwischen der Wahrnehmung und dem Denken steht. Kant stellte die Phantasie zwischen Sinnlichkeit und Verstand. Aus dieser Mittlerposition heraus resultieren ihre beiden Fähigkeiten: sie reproduziert, erstens, Anschauungen aus der Erfahrung und verbindet sie mit anderen Vorstellungen zu einem neuen Gebilde oder gestaltet sie um. Und sie produziert, zweitens, bildhafte Vorstellungen.

Obwohl man die Phantasie im allgemeinen hauptsächlich mit der Welt der Künste in Verbindung bringt, wird aus ihren Eigenschaften schnell deutlich, dass ihre Wirksamkeit weit über diesen Bereich hinausreicht. Jede schöpferische Tätigkeit und jede Erfindung des Menschen ob in Wissenschaft, Wirtschaft oder Gesellschaft hat ihren Ursprung in der Phantasie, in einer inneren Vorstellung von etwas, das (noch) nicht ist. Überall dort, wo bestehende Probleme einer Lösung bedürfen, ist Phantasie gefordert, um Lösungen zu (er-)finden. Ohne sie würde die Forschung und Entwicklung auf allen Gebieten unweigerlich zum Stillstand kommen, was auch PALAGYI im Kapitel "Theorie der Phantasie" seiner Wahrnehmungslehre ausdrücklich betonte. Er bezeichnete die Lehre von der Phantasie als "eines der prinzipiell wichtigsten Kapitel der Erkenntnistheorie":

> Es gibt ohne Phantasie gar keine Erkenntnis; weder eine mathematisch-naturwissenschaftliche noch auch eine solche, die in das Gebiet der Logik, Ethik oder der sogenannten Geisteswissenschaften gehört (PALAGYI 1925: Wahrnehmungslehre; S. 69).

Bei all der weitreichenden Bedeutung, die der Phantasie hier doch zu recht zugeschrieben wird, mag es einen verwundern, warum ihr trotzdem im allgemeinen Diskurs und in Erziehung und Bildung im besonderen so wenig Raum geschenkt wird. Ganz im Gegensatz zu ihren Produkten natürlich, die als sensationelle Erfindungen oder Meisterwerke in der Öffentlichkeit gefeiert werden und hohe Auszeichnungen erhalten. Ein seltsames Missverhältnis tut sich hier auf, das sicher der näheren Betrachtung lohnt.

1.3.1 Phantasie steht (noch) nicht auf dem Lehrplan

Ein möglicher Grund für die Diskrepanz zwischen der mangelnden Anerkennung der Phantasie und der überschäumenden Feier ihrer Produkte könnte vielleicht darin liegen, dass letztere sich in einer konkreten und fassbaren Form manifestieren, während die Phantasie selbst immer eine abstrakte geistige Tätigkeit bleibt.
Doch dieser Umstand trifft ebenso auf das logische Denken zu, welches aber in Erziehung und Bildung weit mehr gefordert und gefördert wird als die Phantasie. Doch was ist dann der Grund für dieses Ungleichgewicht?
Der Schlüssel hierzu muss tiefer liegen, in unserem Denken, in einem uns allen vermittelten, rationalistisch verengten Wirklichkeitsbild, das für Phantasie nur wenig Platz hat. Hierzu sagte GÜNTER GRASS in einem Gespräch mit SIEGFRIED LENZ:

> Der Begriff Phantasie ist ja belastet, nicht nur durch: 'Das ist nur Phantasie, du phantasierst ja schon wieder', sondern auch durch den Kontrastbegriff: 'Das ist die Wirklichkeit.' Man ist immer wieder gezwungen, nachzuweisen, wie gerade diese Wirklichkeit verstellt ist durch sehr erfindungsarme Phantasien. Wir haben uns ganz bestimmten Definitionen gebeugt und sie als Wirklichkeit akzeptiert (MENSAK 1982: Über Phantasie; S. 62).

In unserem Alltagsdenken ist Phantasie im Sinne von Realitätsflucht und Phantasterei vielfach negativ besetzt. Sie erscheint als eine Unfähigkeit zu diszipliniertem und sachgerechtem Denken. Deshalb wird sie in Erziehung und Ausbildung häufig abgewertet und als störender Faktor und Hindernis für ein auf Bewältigung der Realität ausgerichtetes Lernen angesehen. Ein pauschaler Irrtum, der sich leider hartnäckig hält, obwohl leicht einzusehen ist, dass die Bewältigung der Realität ohne Phantasie und Einfallsreichtum kaum möglich ist (von der Realität der Schule einmal abgesehen). Hierzu sagte WALTER KEMPOWSKI in einem Interview:

> Ich sagte vorhin schon, daß ich nicht gerne lerne, ja, daß ich sogar einen Ekel vor dem Lernen habe, und das sage ich als Lehrer, der Kinder oder andere Menschen geradezu zwingen muß, etwas zu lernen, weil es einen Lehrplan gibt. Das ist ein Dilemma, das nicht zu lösen ist: als Lehrer kam es mir immer so vor, als ob ich den Wissensstoff, den ich zu vermitteln hatte, wie einen Holzklotz in einen Ameisenhaufen werfe und da die größte Unordnung hervorrufe. [...]
> Wenn ich eben sagte, man soll die Kinder so lassen, wie sie sind, dann meine ich folgendes damit: der lauschende, beobachtende Pädagoge hat auf einmal den Eindruck, hier ist ein Kind, das sich förmlich ergießen muß – wenn ich dieses Bild einmal gebrauchen darf: ergießen, ohne von der Form zu wissen, in die das alles fließen soll. Wenn das so ist, dann muß ich mit ihm zusammen die Form erkunden. Und das ist die ungeheure Verantwortung. [...]
> Wir können die Kinder nicht so lassen, wie sie sind. Wir müssen auch auf das achtgeben, was sie sein *können* in unserer Gesellschaft, sonst gehen wir und sie zugrunde. Das ist aber nicht 'Veränderung' von Menschen, sondern ihre Verwirklichung (MENSAK 1982; S. 142ff).

Ein weiterer Grund für die vorherrschende negative Sichtweise der Phantasie ist wohl auch auf eine allgemeine Vorstellung von FREUDs Gegenüberstellung des Lust- und Realitätsprinzips und auf sein Erziehungsverständnis zurückzuführen. Denn Freud verstand Erziehung als "Anregung zur Überwindung des Lustprinzips, zur Ersetzung desselben durch das Realitätsprinzip."[9] Er behauptete, dass ein Mensch, der seine vitalen Triebe im Alltag befriedigen kann, nicht phantasiere[10]. Demnach muss das Phantasieren also einen negativen, fast pathologischen Beigeschmack bekommen, da es auf diese Weise zum Kennzeichen einer individuellen Unfähigkeit gestempelt wird, die der Korrektur bedarf.
Sicher ist es richtig, auf die mögliche Gefahr zügelloser Phantasien hinzuweisen, wenn sie den Bezug zur Wirklichkeit des Menschen zu verlieren drohen und ins bodenlose abgleiten (das gleiche müsste allerdings auch für zügellose rationale Überlegungen gefordert werden, welche die Wirklichkeit des Menschen missachten). Deshalb darf aber die Bedeutung der Phantasie für den Menschen und die Kultur im allgemeinen, für die Entwicklung der Kinder und damit auch für die Schule nicht unterschätzt oder gar geleugnet werden.
Denn diese Reduzierung menschlicher Wirklichkeit, die ja mehr und mehr zunimmt, hat auch politische Folgen. Sie prägt unsere Verhaltensweisen und führt zu verstörtem Verhalten bei jungen Menschen, bei denen alles schon auf einen Wirklichkeitsbegriff reduziert ist, der nur noch sehr wenig Bewegung erlaubt. Da ist alles bis in die

[9] FREUD 1978, Bd. I; S. 427.

Lebensversicherung hinein schon vorweggenommen, ein domestiziertes, auf eine enge Wirklichkeit beschränktes Leben. Das fordert geradezu eine neue Form von Befreiung heraus:

> Die in der Pädagogik etwa seit einem Jahrzehnt beobachtbare verstärkte Zuwendung zum sogenannten Anderen der Vernunft: zu Sinnlichkeit, Leiblichkeit und Erfahrung, zu Emotionalität, Phantasie und Ästhetik ist nicht lediglich einer der modischen Trends, die uns in immer kürzeren Zeitabständen heimsuchen, sondern eine durch den Gebrauch der Vernunft immer wieder notwendige Vernunftkritik: eine Kritik am einseitigen Übergewicht von Rationalität und an der Ausgrenzung der anderen Dispositionen und Formen der Wirklichkeitserfassung und Wirklichkeitsdeutung. Diese Kritik ist nicht gegen Rationalität gerichtet, sondern gegen die einseitige und unkritische Dominanz von Rationalität, gegen die Verkürzung der Vernunft auf Rationalität; sie wendet sich nicht gegen Aufklärung, sondern gegen die Verkennung der Dialektik der Aufklärung, die selber wieder zum Mythos wird: zum Mythos der totalen Beherrschbarkeit und Machbarkeit der Welt, zum Mythos des Fortschritts, des stetigen Wachstums und ähnlicher Allmachtsträume der Moderne (POPP 1994: Phantasie und Nachdenklichkeit; S. 117).

Für diese notwendige Gegenbewegung, die Suche nach der Ganzheit von Wirklichkeit, in der sich Phantasie und Realität nicht gegenseitig ausschließen sondern ergänzen, kann das Erzählen wichtige Beiträge leisten. Denn es verbindet auf spielerische Art die Gegenpole Empirie und Phantasie, objektive Erkenntnis und subjektive Erfahrung, Rationalität und das Irrationale und nicht zuletzt Ernst und Humor.

1.3.2 Phantasie als erzählenswerte Möglichkeit

Phantasie kann im weitesten Sinn als verinnerlichte, spielerische Tätigkeit aufgefasst werden, als Spiel mit den Elementen der Erfahrung, die neu kombiniert oder umstrukturiert werden.

In weiterer Hinsicht kommt dadurch auch ein Entrücktwerden aus Raum und Zeit und die Vergegenwärtigung von Abwesendem zustande. Mit Hilfe der Phantasie versetzen wir uns in die Vergangenheit oder Zukunft, in völlig andere Situationen und Lebensräume oder auch in andere Rollen und Charaktere.

"Vorstellungen, das Verändern von Vorstellungen ist außerordentlich wichtig für das Bewältigen unserer Alltagsprobleme, denken wir nur etwa daran, wie sehr wir in un-

---

[10]Vgl. FREUD 1978, Bd. II; S. 130.

serer Phantasie wesentliche Situationen durchspielen, unser Verhalten und das Verhalten anderer beteiligter Personen vorwegnehmend."[11]
Um dies leisten zu können, ist eine möglichst vielfältige Wirklichkeitserfahrung durch eigenes Handeln die wichtigste Voraussetzung. Die Förderung von Phantasietätigkeit setzt also die Förderung von konkreten Erfahrungen (vgl. Kap. 1.1) voraus. Denn nur wer sich handelnd mit seiner Umwelt auseinandersetzt, kann diese auch konstruktiv überschreiten und umgestalten.
Wenn diese Voraussetzung gegeben ist, verhindert dieser wechselseitige Zusammenhang auf ganz natürliche Weise die vorherrschende Befürchtung, die Phantasie könnte sich allzu weit von der Wirklichkeit entfernen und zu einer pathologischen Phantasterei ausarten. Statt dessen wird nur die Phantasie auf diese Weise dem monotonen Alltag Veränderung und neues Leben einhauchen können. Denn die normale, gesunde Phantasie ist, so eigenartig das klingen mag, eine bodenständige. Sie geht immer von der erfahrbaren Realität aus, wandelt sie um und überschreitet sie dadurch. Sie steht in Bezug zur Realität und wirkt verändernd auf sie zurück.
Da Phantasiegeschichten allerdings in erster Linie mit Kindern, ihrem Erleben und ihrer Entwicklung in Verbindung gebracht werden, beziehen sich auch die meisten Untersuchungen[12] zum Thema auf diesen Kontext. Was allerdings nicht bedeutet, dass die phantastische Welt, die im Erzählen erkundet wird, für Erwachsene bedeutungslos wäre. Vielmehr "steht dahinter sehr wahrscheinlich die Angst der Erwachsenen vor den eigenen Phantasien mit ihren nicht bewältigten Inhalten, die ihr eigenes System der Abwehrmechanismen tendenziell bedrohen"[13]. Eine kreative Beschäftigung mit diesen Inhalten kann deshalb auch für Erwachsene heilsam sein, um innerpsychische Grundkonflikte kreativ zu verarbeiten[14].

[11] KAST 1999: Imagination als Raum der Freiheit; S. 18.
[12] Siehe FATKE 1983; POPP/ZIMMERMANN 1985; KIPER 1987.
[13] FATKE 1994: Phantasiegeschichten; S. 18.
[14] Siehe dazu Teil B /4.3 "Therapeutisches Erzählen".

2 Das Grundmotiv des Erzählens: Konflikt und Lösung

> Letztlich sind es Geschichten, die von uns bleiben, und wir sind nicht mehr als die paar Erzählungen, welche die Zeit überdauern. Und in den besten dieser alten Erzählungen, jenen, nach denen wir immer und immer wieder verlangen, gibt es Liebende, gewiss, aber die Teile, für die wir uns wirklich interessieren, sind die, in denen den Liebenden Steine in den Weg gelegt werden. Vergiftete Äpfel, verzauberte Spindeln (...), ein kinderstehlender Gnom – das ist es, was wir hören wollen.
>
> *Des Masuren letzter Seufzer*
> SALMAN RUSHDIE

REINHARD FATKE, der ca. 450 Geschichten von Kindern im Alter zwischen 3 und 12 Jahren gesammelt und untersucht hat, stellte fest, dass rund 90% dieser Erzählungen durch ein dramatisches Geschehen gekennzeichnet sind, "das sich aus einem Grundkonflikt ergibt, der prinzipiell immer der gleiche ist: Zwei unterschiedlich starke Mächte stehen einander gegenüber, und aus der Überlegenheit der einen Macht ergibt sich eine Bedrohung und Gefahr für die andere"[1].

Das Phänomen 'Konflikt und seine Lösung', das hier angesprochen ist, bildet letztlich die Antriebsfeder des Lebens, ganz gleich, ob es sich um natürliche, wirtschaftliche oder gesellschaftliche Verhältnisse handelt. Das 'Fehlelement' ist das Motiv von Entwicklung und damit der Stoff, aus dem die ältesten Mythen und die neuesten Kinofilme gemacht sind. Man kann sogar sagen: es gibt keinen anderen Stoff; es gibt keine Geschichte ohne Konflikt. Denn eine Geschichte dient letztlich auch der Suche nach einer Möglichkeit, bestimmte Konflikte (erst mal) in der Phantasie zu lösen. In diesem Sinne ist die Phantasie ein wichtiges Experimentierfeld, in dem Konflikt- und Lösungszusammenhänge durchdacht, erprobt und schließlich auch auf die Realität übertragen werden können:

[1] FATKE 1994, S. 14.

> Neue symbolische Gestaltungen der Lösung dieses Grundkonflikts machen neue Erfahrungen im realen Leben möglich, und neue Erfahrungen ermöglichen neue symbolische Gestaltungen der Lösung dieses Grundkonflikts. Somit kann diese Ausdrucksform des Kinderlebens, das Erfinden von Phantasiegeschichten, betrachtet werden als eine 'Erkundungsfahrt in die Möglichkeit' – eine Erkundungsfahrt in eine für die Kinder bessere Möglichkeit, die durchaus Wirklichkeit werden kann (FATKE 1994; S. 17).

In den Arbeiten von REINHARD FATKE kommt das Grundmotiv von Konflikt und Lösung überwiegend in der Form von "Bedrohung und ihre Abwehr" zum Ausdruck. Dies geschieht entweder in der Version eines physischen Angriffs (Streit, Auffressen, etc.) oder in der Version eines lebensbeeinträchtigenden Mangels (an Ernährung, Behausung, etc.).

Diese Gestaltung verweist darauf, dass der Komplex von Konflikt und Lösung in der Phantasie des Kindes einen symbolhaften Ausdruck gewinnt, welcher der seelisch-sozialen Grundsituation des Kindes entspricht: abhängig von weitaus Mächtigeren, angewiesen auf deren Zuneigung und Pflege:

> Diese 'Lebensthemen' teilen sich dem Kind nur in Form von unbestimmten, aber doch umtreibenden und z. T. bedrängenden Wünschen, Ängsten und Ambivalenz-Konflikten mit. Weil das Kind von ihnen bedrängt wird, verlangen sie nach Ausdruck, und dies geschieht im Medium des Symbolischen (FATKE 1994; S. 14).

FATKE fand heraus, dass die Kinder für die Lösung dieser Grundkonflikte verschiedene Lösungsmöglichkeiten gestaltet haben, die er zu vier grundlegenden Typen zusammenfasste:

1. *"Die überlegene Macht siegt über die unterlegene Macht, meist ohne daß eine Gegenwehr erfolgt oder der Versuch, der überlegenen Macht zu entkommen, gemacht wird; das Geschehen endet sozusagen in der Katastrophe."*
2. *"Die unterlegene Macht unternimmt zwar einen Versuch der Gegenwehr oder Flucht, aber scheitert dennoch, so daß die überlegene Macht siegreich bleibt."*
3. *"Die bedrohende Macht gelangt nicht an ihr Ziel; sie wird 'ausgeschaltet', aber nicht unbedingt in der Weise besiegt, daß nicht weiterhin Gefahr von ihr ausginge. Das Ausschalten kann dadurch geschehen, daß man sich durch Flucht entzieht, daß man auf wundersame Weise gerettet wird, daß jemand anders zu Hilfe kommt, daß die Bedrohung durch Zufall beseitigt wird, auch daß die schwächere Macht sich aktiv zur Wehr setzt o. ä."*

4. *"Die Bedrohung wird beseitigt, und zusätzlich werden durch diesen Sieg die Ausgangsbedingungen verändert, so daß die Bedrohung ausgeschaltet bleibt. Nicht immer, aber in den meisten Fällen wird der Sieg durch eine aktive Gegenwehr der unterlegenen Macht errungen. Dies entspricht dem Typus der 'Heldengeschichte'"*.

Diese vier Formen der Gestaltung des Grundkonflikts, welche die Handlung der Geschichte bestimmen, spiegeln die Altersentwicklung der Kinder wieder:

> Während die erstgenannte Form bis zum Alter von vier bis fünf Jahren überwiegt, ist die letztgenannte Form im Alter von zehn bis zwölf Jahren vorherrschend [...]. Die Thematik der kindlichen Phantasie, wie sie in den selbsterfundenen Geschichten zum Ausdruck gelangt, ist somit ein Spannungsfeld von Antithesen, die in der psychosozialen Situation des Kindes verankert sind (Autoritätskonflikte, Rivalitätsängste, usw.; s. o.) und die das Kind mit zunehmendem Alter und zunehmender Erfahrung zu bewältigen und 'aufzuheben' versucht (FATKE 1994; S. 17).

Angeregt durch die Arbeiten und Ergebnisse von FATKE haben POPP und ZIMMERMANN die Phantasiegeschichten von Kindern des 1. und 3. Schuljahres über eine "Reise mit dem Luftballon" analysiert. Auch hier erwies sich der Komplex von Konflikt und Lösung als die zentrale, handlungsbildende Instanz. Für seine symbolische Gestalt waren ebenfalls vier Zusammenhänge charakteristisch:

1. *Fernweh und Heimweh*: Die Phantasiereisen der Kinder führen in ferne Länder oder in ein Märchenland; die Geschichten enden jedoch in der Regel mit einer glücklichen Heimkehr: "Alle waren froh, daß ich wieder zu Hause war. Auch ich freute mich sehr, daß ich wieder zu Hause sein konnte" (Tanja, 3. Klasse, nach einem Flug ins "Wunderland").
2. *Bedrohung und Geborgenheit*: In allen Geschichten sind die Kinder gefährlichen Situationen ausgesetzt, die aber immer zu einem guten Ende kommen: "Da kommt ein Riese aus dem Wald und wollte mich halten, aber zum Glück hat mich der Luftballon gerettet." Und die Geschichte endet mit der Feststellung: "Das war gut, festen Boden unter den Füßen zu haben" (Dirk, 3. Klasse).
3. *Macht und Ohnmacht*: "Ich fliege nach Amerika und bis zur Sonne hoch" (Oliver, 1. Klasse). In aussichtslosen, gefährlichen Situationen hilft entweder der Luftballon, der die Kinder aus der Gefahrenzone bringt, oder eine bekannte

Helden- oder Märchenfigur greift rettend ein. Eine andere Möglichkeit: Die Kinder wachen auf und stellen erleichtert fest, dass alles ja nur ein Traum war.

4. *Einsamkeit und Gemeinsamkeit*: Alle Geschichten sind so gestaltet, dass jeweils ein Kind allein mit dem Luftballon fortfliegt und dann bei Personen aus Märchen oder aus Fernsehfilmen (Pippi Langstrumpf, etc.), seltener auch bei Verwandten im Ausland herzlich empfangen und zum Essen und Übernachten eingeladen wird: "Ja, ich bin alleine gekommen". "Willst du bei uns schlafen und essen?" "O ja, das will ich gerne" (Christine, 3. Klasse).

Diese Beispiele machen deutlich, dass hinter den Handlungszusammenhängen der erfundenen Geschichten tatsächlich das innere Bedürfnis erkennbar wird, eine gewisse Grundproblematik zu lösen.
Einmal ist der Gegensatz von Gefahr und Geborgenheit vorherrschend, bald darauf der Konflikt zwischen Fernweh und Heimweh, etc. Auf diese Weise kann der Komplex von Konflikt und Lösung in einer Geschichte auch mehrmals in unterschiedlichen thematischen Strukturen auftauchen.
Diese Strukturen sind dem Kind bereits bekannt, sie entstammen seiner Erfahrung. Das bedeutet, dass z. B. die Thematik von Bedrohung und Geborgenheit bereits in irgendeiner Form erlebt worden ist. Diese Erfahrung mit den in ihr liegenden Wünschen und Ängsten wird dann auf die "Reise mit dem Luftballon" projiziert und in der zu erzählenden Phantasiegeschichte erneut verarbeitet:

> Als basal erachten wir die Modellierungsleistungen der Angstbewältigung und der Wunscherfüllung. Es handelt sich um motivationale Regulierungsleistungen, in denen sich das psychische Anliegen des Erzählers Wirkung verschafft. Nach unserem Verständnis ist es gerade die Wunscherfüllung in der Phantasie, die im Erzählvorgang in unterschiedlichen Graden wirksam wird. Dabei wird die Fähigkeit zum phantasierenden Genuß als vitales Prinzip betrachtet, als Motor intelligenten Lebens (BOOTHE 2000; S. 66).

Jeder Erzähler gestaltet in seiner Geschichte die thematischen Strukturen je nach seiner Phantasie: Bei dem einen geht die Bedrohung von einem wilden Riesen aus, bei einem anderen von einer bösen Hexe. Auf diese Weise lässt sich im Erzählen eine Linie nachzeichnen, auf der das abstrakte Grundmotiv von Konflikt und Lösung konkret wird und gleichzeitig der Symbolgehalt der Erzählung zunimmt:

Konflikt und Lösung:

- *in Form von: Gefahr und Geborgenheit*
- *in Form von: Bedrohung durch den Riesen und Rettung durch den Ballon.*

Diesen inneren Bildern und ihrem Symbolgehalt ist das folgende Kapitel gewidmet, das die psychologischen Hintergründe des Geschichtenerzählens näher erläutert. Denn über die Ausgestaltung der Geschichte mit ihrem symbolischen Gehalt kann der psychische Bereich[2] erschlossen werden, in dem Konflikt und Lösung gerade anstehen.

[2] Zum Beispiel die Gewalt (des männlichen Prinzips) im Bild des Riesen.

3 Bilder und Symbolik im Erzählen

> Ich sah das Bild, das in den Augen des Teichhuhns sich bricht, wenn es untertaucht: die tausend Ringe, die jedes kleine Leben einfassen, das Blau der flüsternden Himmel, das der See trinkt, das verzückte Auftauchen an einem anderen Ort - erkennt meine Freunde, was Bilder sind: das Auftauchen an einem anderen Ort.
>
> FRANZ MARC

Freies Erzählen bedeutet, eine eigene Geschichte und damit eine eigene Welt zu produzieren und in Gang zu setzen. Es ist ein Auftauchen an einem anderen Ort, der zugleich ein eigener, innerer Ort ist. Das Besondere am Erzählen im Unterschied zum Rezitieren oder Vorlesen ist dabei die Tatsache, dass die Geschichte im Erzählen vollkommen unabhängig von einem Text ist bzw. wird, selbst wenn es die Geschichte auch als schriftlichen Text geben sollte.

Denn der Erzähler sieht vor seinem inneren Auge keine Wörter oder Sätze, die er erzählt, sondern Bilder. Die Geschichte ist im Erzählprozess eine Abfolge von Bildern, wie ein Traum oder ein innerer Film. Diese Tatsache eröffnet die Spontaneität des freien Erzählens und bewirkt damit wirkliche Kommunikation, da der Erzähler nur durch die Offenheit und Veränderbarkeit der Bilder auch auf die Befindlichkeit der Zuhörer reagieren kann. Dadurch haben wiederum die Zuhörer selbst durch ihre Stimmung und ihr Verhalten einen Einfluss darauf, wie die Bilder ausgestaltet sind, die im Erzähler aufsteigen.

Zwar können diese Bilder durch die Beschäftigung mit einer schriftlichen Vorlage vorgeprägt sein, wie sich auch jeder Schauspieler seine Rolle durch einen Text aneignet. Für den Erzähler hat der Text aber letztlich nur die Bedeutung eines Hilfswerkzeugs, um die flüchtigen inneren Bilder zu fixieren[1]. Im Erzählen selbst muss er den starren Text vergessen, sonst kann er nicht authentisch sein. Denn Authentizität be-

[1] Vgl. ARNHEIM 1972: Anschauliches Denken; S. 229.

deutet hier, im Einklang mit seinen inneren Gefühlen für die Geschichte zu sein, die man nur in den eigenen Bildern erspüren kann und nicht in einem geschriebenen Text.

Der Text spricht in erster Linie die kognitiv-rationale Seite an: Der Erzähler kennt daraufhin die Handlung und weiß zum Beispiel, wie der Held versucht, zu seiner Geliebten zu kommen. Doch das allein reicht für das Erzählen nicht. Der Erzähler muss spüren, wie sich der Held *fühlt*, wenn er mit den Fingerspitzen am Balkon seiner Geliebten im dritten Stock hängt. Erst wenn er aus diesem Gefühl heraus erzählt, erzählt er wirklich authentisch.

Die Wörter einer Geschichte bestehen nur aus Buchstaben. Sie haben mit Gefühlen zunächst einmal nichts zu tun. Erst im freien Erzählen werden diese Wörter zu Bildern, zu authentischen Bildern, die mit den Gefühlen der erzählenden Person aufgeladen sind. Das ist es, was die Zuhörer fesselt. Gute Geschichten gibt es viele. Doch die allein interessieren die Zuhörer wenig. Erst das Erzählte macht sie neugierig und lässt sie fragen: *"...was ist jetzt mit dem jungen Mann? Was ist mit dem Mann am Balkon?"*

3.1 Projektion von Gefühlen und bildhaftes Denken

Da innere Bilder letztlich das Charakteristikum des freien Erzählens ausmachen und nicht ein äußerer Text, erscheint es sinnvoll, die innerpsychischen Prozesse ihres Zustandekommens eingehender zu betrachten. Es schien bereits auf, dass diese inneren Bilder erheblich mit eigenen Gefühlen in Verbindung stehen, und dass diese Verbindung in der Art und Weise des Erzählens ihren Ausdruck findet. Wie aber entstehen diese Bilder überhaupt?

Die Antwort auf diese Frage liegt in einem komplexen Prozess, der die verschiedenen Qualitäten von Gedanken und Gefühlen als Bild in einer Geschichte miteinander verbindet. Denn erst durch die komplementäre Zusammenarbeit von Verstand und Gefühl kann eine Geschichte erzählt werden.

Der Verstand liefert dabei die inspirierenden Gedanken oder eine spontane Idee, die auf der Grundlage von Phantasie und Erfahrung zu einer bildhaften Vorstellung wird. Denn die Elemente der Erfahrung sind im Gedächtnis als 'Bilder' der Erinnerung angelegt, und die Phantasie lädt den Menschen dazu ein, sich einen Sachverhalt genauer 'auszumalen'. In diese Vorstellung eines Sachverhaltes als Vorstufe zur Handlung der

Geschichte kann alles einfließen, was der Erzähler mit dem vorgestellten Sachverhalt assoziiert. Das betrifft sowohl die rationale Seite im Hinblick auf die Plausibilität der Handlung, wie auch die emotionale Seite im Hinblick auf die Authentizität der Gefühle.

Dieser erste Klärungsversuch ist allerdings noch sehr geprägt von der Vorsätzlichkeit des Erzählens. Diese Vorsätzlichkeit spielt auch zu Beginn der Erzählung eine wichtige Rolle, um die geforderte Selbstüberwindung (s. Kap. 1.2.1) zu bewerkstelligen und einen klaren Einstieg in die Geschichte und die damit verbundenen Bilder zu schaffen.

Da es sich beim Erzählen allerdings um einen kreativen Prozess handelt, der vom Netzwerk der Gedanken, Gefühle, Erfahrungen und Phantasien getragen wird, erhält die fortschreitende Erzählung zunehmend eine Eigendynamik. Denn ein inneres Bild zieht das nächste aus dem Dunkel des Unterbewusstseins ans Licht und ein Gefühl bedingt das andere.

Dieser Vorgang wird besonders deutlich, wenn wir damit beginnen, eine Stegreifgeschichte aus zunächst unzusammenhängenden Motivkarten zu erzählen (s. Anhang). Dabei denken wir uns zunächst eine mögliche Handlung um die Motive herum (*Was könnte passieren?*). Durch das Aussuchen und Legen der Karten spiegelt sich diese gedachte Handlung dann in der Reihenfolge unserer Karten wieder.

Beginnen wir dann aber mit dem Erzählen, so wird bald deutlich, dass neben den greifbaren Bildern der Karten zunehmend unsere eigenen imaginativen Bilder an Bedeutung gewinnen und den Erzählfluss häufig in ganz andere Bahnen lenken, als es sich der Verstand zuvor in der Reihenfolge der Karten ausgedacht hat.

In diesem Sinne spiegelt die Eigendynamik des Erzählens eine psychische Dynamik des Erzählers wieder, indem er eigene Gefühle und seelische Inhalte in Bildern und Symbolen verschlüsselt in die fiktive Geschichte projiziert.

Um diesen bildhaften, psychischen Prozess des Erzählens noch fassbarer zu machen, werde ich mich im folgenden an zentralen Erkenntnissen aus der analytischen Psychologie CARL GUSTAV JUNGS orientieren.

Das Phänomen der psychischen Projektion seelischer Inhalte ist nach JUNG ein integrierender Bestandteil des Mechanismus des Unbewussten, der sich deshalb auch ganz außerhalb des bewussten Willens vollzieht[2]. JUNG definierte Projektion als die Hinausverlegung eines subjektiven Vorganges in ein Objekt (in unserem Fall in eine Geschichte), da uns innerpsychische Prozesse erst dann bewusst werden können, wenn sie in einem Außen gespiegelt werden und uns so entgegentreten.

Jede Geschichte, die wir aus unserem bildhaften Denken heraus erzählen, sagt also etwas über uns selbst und unsere jeweilige Befindlichkeit aus, da wir in jeder psychischen Situation in erster Linie ganz bestimmte (analoge) Bilder zu Verfügung haben. Das sind Erinnerungsbilder, Angst- oder Wunschbilder, die mit unserer momentanen Situation irgendwie in Zusammenhang stehen.

Diese Aussagen über uns selbst, die aus unbewussten und unterbewussten Schichten der Psyche aufsteigen, sind in ihrer Gestalt einem Traum sehr ähnlich, da sie nur symbolisch durch die Handlung, die Bilder und die Personen der Geschichte vermittelt werden. Doch hinter diesen anschaulichen Figuren stehen die Bedeutungen, die wir den Dingen gegeben haben, sowie die unanschaulichen Kräfte, die in uns wirken, die sich ergänzen können oder in Widerstreit sind. Häufig sind es gerade unsere nicht gelebten oder unterdrückten Seiten, die sich in unseren Geschichten Gehör verschaffen: Unsere männlichen und weiblichen Anteile oder unsere Schattenseiten, aber auch unsere Meinungen, Haltungen und Lebenseinstellungen gewinnen in unseren Geschichten eine eindeutige Gestalt. Das lässt sich vor allem rückblickend beobachten, wenn wir bemerken, dass wir in bestimmten Lebensphasen auch hauptsächlich zu einem bestimmten Typ von Geschichten tendierten.

Letztlich ist es sogar wahrscheinlich, dass diese verschlüsselte Bildsprache unseres Unterbewusstseins erst das Fiktive und Phantastische für uns ausmacht, da wir ihren inneren Gehalt nicht unmittelbar verstehen. Statt dessen sagen wir, diese Geschichte sei ja 'nur ausgedacht', ohne dabei zu reflektieren, dass gerade das Ausdenken ein psychischer Prozess ist, der mit dem realen Gesamtsystem unseres Organismus, mit unseren unterschwelligen Gedanken und Gefühlen, auf das Engste verbunden ist.

Wenn wir mit zunehmender Erfahrung hinter den Geschichten auch die psychischen Inhalte und symbolischen Prozesse erspüren, so verschieben sich auch die Kategorien von Realität und Fiktion. In diesem Sinne weist das freie, bildhafte Geschichtenerzählen eindeutige Parallelen zur Imagination im psychotherapeutischen Prozess auf[3]:

---

[2] "Projektion wird nie gemacht, sie geschieht!" (JUNG 1971: Ges. Werke 12: Psychologie und Alchemie; S. 284)

[3] Siehe dazu auch LEUNER 1990: Katathymes Bilderleben; S. 10-20.

> Von der Aktiven Imagination, der Imaginationsmethode, die C. G. Jung für die Psychotherapie vorgeschlagen hat und bei der es darum geht, daß ein Mensch innere Bilder lebendig werden lässt, innere Figuren zum Sprechen bringt, also eine Tiefenschicht seiner Psyche aktiviert und dennoch mit einem sehr wachen Ich sich mit diesen Bildern, diesen Stimmen auseinandersetzt, sagt Jung, sie sei eine Methode, bei der der/die Imaginierende nicht nur das Unterbewusstsein analysiere, sondern auch dem Unbewussten Gelegenheit gebe, den Ich-Komplex zu analysieren. Dieser Dialog zwischen Ich und dem Unbewussten ist die Voraussetzung für den Individuationsprozess, den psychischen Prozess, im Verlauf dessen ein Mensch zu dem wird, was er letztlich ist (KAST 1999; S. 18f).

An dieser Stelle eröffnet sich für das Erzählen eine Möglichkeit therapeutischer Wirksamkeit, die nicht nur den Erzähler sondern auch die Zuhörer betrifft (vgl. B Kap. 2.1). Denn im Kontakt mit den Bildern von Märchen und Geschichten wird etwas Tragendes erlebt, das vom Unbewussten ausgeht. Die persönliche Geschichte und das eigene Ich können durch Erzählungen in einem erweiterten Zusammenhang gesehen werden und werden dadurch in Erfahrungen gespiegelt, die Menschen schon immer machen mussten. Dadurch bekommt die persönliche Geschichte, das persönliche Leid, eine neue Bedeutung. Sie ist plötzlich nicht mehr unwichtig oder austauschbar, sondern sie ist ein Teil dieser Welt, den es zu meistern gilt. In der Identifikation mit den Helden und Heldinnen der Geschichten wird oft der Mut geweckt, der notwendig ist, um gewisse Entschlüsse zu fassen und um schöpferische Leistungen zu erproben. Dadurch wird häufig "archetypisch eingekapselte Hoffnung"[4] frei, die für Veränderungsprozesse im therapeutischen wie im sozialpädagogischen Kontext wichtig ist:

> Wenn wir mit imaginativen Fähigkeiten innerhalb der Therapie arbeiten, bringen wir dadurch zum Ausdruck, daß wir über Bilder am Bild von uns selbst und von der Welt arbeiten können, daß uns bewusst wird, daß die Bilder von uns und die Bilder von der Welt, die wir uns machen, uns fördern oder hemmen in unserer Lebensbewältigung.
> Außerdem zeigen wir damit, daß uns der Umgang mit Emotionen, die sich unter anderem ja auch abbilden, wesentlich ist, das heißt, daß es uns wesentlich ist, daß Emotionen wirklich erlebt werden, weil dadurch einerseits Energien zum Handeln frei werden, andererseits die Beziehung zu sich selbst erlebbar wird (Kast 1999; S. 20).

---

[4] ERNST BLOCH spricht davon, dass jedes lebendige Symbol eine solche Hoffnung enthält, die auf eine konstruktive Bewältigung von Schwierigkeiten aus ist.
Vgl. BLOCH 1959: Das Prinzip Hoffnung; S. 187.

3.2 Symbole und Archetypen

> Wer mit Urbildern spricht, spricht wie mit tausend Stimmen, er ergreift und überwältigt, zugleich erhebt er das, was er bezeichnet, aus dem Einmaligen und Vergänglichen in die Sphäre des immer Seienden, er erhöht das persönliche Schicksal zum Schicksal der Menschheit, und dadurch löst er auch in uns alle jene hilfreichen Kräfte, die es der Menschheit je und je ermöglicht haben, sich aus aller Fährnis zu retten und auch die längste Nacht zu überdauern.
>
> *Seelenprobleme der Gegenwart*
> C. G. JUNG

JUNG fasst das gesamtpsychische System als etwas auf, das sich in dauernder energetischer Bewegtheit befindet, wobei er unter psychischer Energie (Libido) die Gesamtheit jener Kraft verstanden wissen will, die sämtliche Formen und Tätigkeiten dieses psychischen Systems bewegt und miteinander verbindet. Der Begriff Libido wird hier nicht anders gebraucht als der analoge Ausdruck 'Energie' in der Physik. Denn Libido bezeichnet nichts anderes als die Intensität des psychischen Vorgangs, die nur an psychischen Wirkungen und Leistungen bestimmbar ist.

Die inneren Bilder mit ihrem Symbolgehalt, die im Erzählen auftauchen, sind daher Wesen und Abbildungen dieser psychischen Energie; nicht anders als z. B. ein Wasserfall Wesen und Abbildung einer physikalischen Energie darstellt. Der Symbolgehalt der Bilder, die sich aus Projektionen seelischer Inhalte zusammensetzen, kann dabei sowohl individuellen wie auch kollektiven Charakter haben. Beides lässt sich an der Geschichte selbst ablesen und wie sie mit ihren Bildern umgeht. Motive mythologischer Natur oder allgemein-menschheitsgeschichtlicher Symbolik verweisen auf einen kollektiven Zusammenhang[5], während die intensiven Reaktionen individueller Alltags- oder Abenteuergeschichten eher eine persönliche Erlebnisebene abbilden. In diesen Motiven und Symbolen ist eine für das ganze psychische Leben bestimmende Relevanz verborgen, weshalb sie von JUNG zu Beginn (1912) als "Urbilder" und später (1919) als "Archetypen" bezeichnet wurden.

[5] Vgl. JACOBI 1999: Die Psychologie von C. G. Jung; S. 48.

Das Konstrukt der Archetypen steht dem nahe, was PLATO unter 'Idee' verstanden hat. "Nur daß die 'Idee' bei PLATO ausschließlich als Urbild von höchster Vollkommenheit im 'lichten Sinn' verstanden werden darf, dessen dunkler Widerpart nicht mehr, wie die 'Idee', entrückt in die Welt der Ewigkeit, sondern in jene der vergänglichen Menschlichkeit gehört; wohingegen nach JUNGs Konzeption der Archetypus in seiner bipolaren Struktur die dunkle Seite ebenso wie die lichte immanent in sich trägt."[6]
Wie die Ureltern eines Stammbaums, vermögen auch die Archetypen gleichsam Kinder und Kindeskinder aus sich zu entlassen, die ihre Qualitäten versinnbildlichen. So ist der abstrakte Archetyp des Weiblichen, der mit der Handlung des Empfangens in Verbindung steht, genauso im Symbol des Wassers, der Höhle oder der Spinne enthalten wie auch in der Großmutter, Hexe oder Fee, jeweils mit anderen Bezügen und Bedeutungen verbunden. Denn das Symbol ist stets etwas Zusammengesetztes, ein sichtbares Zeichen einer auch unsichtbaren geistigen Wirklichkeit. In diesem Sinne offenbart das Symbol in etwas Äußerem etwas Inneres. Es repräsentiert eine gewisse ideelle Gegebenheit, die auf dem Wege der Assoziation umrissen werden kann[7].
Was der eigentliche Bedeutungskern eines Archetypus ist, lässt sich zwar mit solchen symbolischen Bilder *um*schreiben (das Gemeinsame 'hinter' den Bildern), aber nicht rein rational *be*schreiben, da die Veranschaulichungen und Konkretisierungen dem Bewusstsein angehören, der Archetypus aber noch hinter dem Bewusstsein wirkt. Die Archetypen sind daher nicht inhaltlich bestimmt, sondern formal:

> Ihre Form ist etwa dem Achsensystem des Kristalls zu vergleichen, welches die Kristallbildung in der Mutterlauge gewissermaßen präformiert (der Archetypus per se), ohne selber eine materielle Existenz zu besitzen. Diese Existenz erscheint erst in der Art und Weise des Anschießens der Ionen und dann der Moleküle (JUNG 1986: Ges. Werke 6: Psychologische Typen; S. 488).

Dies bedeutet, dass die Archetypen, die sich im Erzählen ausgestalten können, als potentielles 'Achsensystem' im unbewussten Bereich der Psyche präexistent und immanent sind. "Die Anzahl der Archetypen bildet den eigentlichen Inhalt des kollektiven Unbewussten. Sie ist relativ begrenzt, denn sie entspricht 'den Möglichkeiten typischer Grunderlebnisse', die das menschliche Wesen seit jeher erfahren hat."[8] Die Mutterlauge, die sich ansetzen muss, die Menschheitserfahrung, stellt die Bilder dar,

---

[6] JACOBI 1999; S. 50.
[7] Ausführlicher zum Thema 'Symbol': KAST 1990: Die Dynamik der Symbole.
[8] JACOBI 1999; S. 54.

die sich an diesem Achsensystem verfestigen und sich zunächst im Schoße des Unbewussten zu immer inhaltsreicheren und schärferen Gestalten ergänzen.
Das Bild wird also nicht eigentlich erzeugt, wenn es aufsteigt oder erzählt wird, sondern es liegt bereits im Dunkeln da, wo es seit jener Zeit gelegen hat, als es in Form eines typischen Grunderlebnisses den psychischen Erfahrungsschatz des Menschen bereicherte. In diesem Sinne stellen besonders die tradierten und daher verdichteten Erzählungen von Mythen und Märchen in symbolisch-bildhafter Form psychische Abläufe dar[9]. Die Bilder dieser Geschichten mit all ihrer Symbolik und Bedeutung werden im Erzählen ins Bewusstsein gehoben. Von dem wachsenden Licht der erzählerischen Aufmerksamkeit angestrahlt, erscheinen sie konturierter und detaillierter. Sie werden durchsichtiger in ihren Aspekten und ein verbindender Zusammenhang wird erkennbar, der zuvor im Dunkeln lag:

> Die Summe der Archetypen bedeutet also für Jung die Summe aller latenten Möglichkeiten der menschlichen Psyche: ein ungeheures, unerschöpfliches Material an uraltem Wissen um die tiefsten Zusammenhänge zwischen Gott, Menschen und Kosmos. Dieses Material in der eigenen Psyche zu erschließen, es zu neuem Leben zu erwecken und dem Bewusstsein zu integrieren, heißt darum nicht weniger, als die Einsamkeit des Individuums aufzuheben und es einzugliedern in den Ablauf ewigen Geschehens (JACOBI 1999; S. 54).

Dieser Entdeckungsprozess, der hier auf das Erzählen selbst im Unterschied zur explizit tiefenpsychologischen Analyse beschränkt werden soll, offenbart nicht nur individuelle, sondern auch allgemein-menschliche Erfahrungen und Erkenntnisse. Sie sind kollektive Menschheitserfahrung, die in den Bildern von Erzählungen gespeichert ist. Im Achsensystem der Archetypen besteht dadurch eine absolute innere Ordnung, die unsere Zuflucht und Hilfe in den Erschütterungen und Zufällen des Lebens bildet, wenn wir es verstehen, mit ihr zu verkehren[10].
Im Erzählprozess vollzieht sich dieser Verkehr auf der Grundlage ganz bestimmter narrativer Figuren und Strukturen, die als allgemeine Muster ebenfalls aus dem menschliche Wahrnehmungssystem hervorgegangen sind. Sie geben sowohl im individuellen wie auch im kollektiven Sinne Auskunft darüber, wie sich der Mensch selbst sieht, wie er menschliches Leben begreift und wie er diesem 'zufälligen' Leben durch narrative Strukturen einen Sinn verleiht.

---

[9] Vgl. KAST 1989 : Märchen als Therapie; S. 9ff und WASSERZIEHR 1997: Märchen für Erwachsene; S. 12ff.
[10] Vgl. JACOBI 1999; S. 49.

4 Figuren und Strukturen im Erzählen

> Was ist eine Figur anders als der bestimmende Faktor des Ereignisses? / Was ist ein Ereignis anderes als die Illustration der Figur?
>
> HENRY JAMES

Wie die Psyche so ist auch die Kultur des Menschen geprägt von bestimmten Strukturen, von kulturellen Konstanten, die sich über die Jahrhunderte hinweg nur wenig verändert haben. Wie die Strophe und der Refrain in der Musik oder Reim und Rhythmus in der Poesie, so existieren auch im Geschichtenerzählen gewisse Muster und Mechanismen, die sich von unserem alltäglichen Erzählen bis hin zur Literatur nachweisen lassen.

Im Sinne tradierter Menschheitserfahrung und Kultur können sie als Ursache dafür angesehen werden, dass sich selbst in beiläufigen Alltagserzählungen wie selbstverständlich die charakteristische Form einer Geschichte mit Einleitung, Höhepunkt und Schluss ergibt. Denn wie bereits in der Einleitung erwähnt, versteht der Mensch das Leben und seine eigene Biographie auf narrative Art und Weise. Das bedeutet, dass die grundlegenden Strukturen von Geschichten und die grundlegenden Strukturen menschlicher Lebensauffassung einander entsprechen. Die Kommunikation im Geschichtenerzählen erfolgt daher nicht nur auf der rationalen Ebene der gemeinsamen Sprache, sondern auch auf der intuitiven Ebene dieser gemeinsamen Muster von Menschheitserfahrungen.

Um möglichst nah am mündlichen Erzählen zu bleiben, werden im Hinblick auf diese Strukturen nicht nur literaturwissenschaftliche Quellen ausgewertet, sondern auch Erkenntnisse miteinbezogen, die aus den biographischen Erzählungen narrativer Interviews gewonnen wurden.

4.1 Die Erzählabschnitte und Erzählmomente

Die fundamentalste Entsprechung zwischen der Auffassung von erlebter Biographie und fiktiver Geschichte wird bereits in der Grobgliederung von drei Erzählabschnitten erkennbar, welche die Einheit der Handlung aus Anfang, Mitte und Schluss bilden. Denn jede Geschichte wie auch jede Lebensphase hat einen Anfang, in dem neue Herausforderungen aufkommen, einen Hauptteil, in dem wir uns mit diesen Herausforderungen auseinander setzen, und einen Schluss im Sinne eines (zumindest vorläufigen) Abschlusses, der diese Lebensphase von der Folgenden trennt.

4.1.1 Der erste Erzählabschnitt

Der erste Erzählabschnitt bildet die Einleitung. Sie ist die Beschreibung der Ausgangssituation der Erzählung, damit sie für die Zuhörer nachvollziehbar ist. Am Anfang jeder Erzählung legt die Initialhandlung die Situation fest. Sie wird häufig schon als Problem präsentiert, das gelöst werden muss ("*Es war einmal ein armer...*"), kann aber auch aus einer einfachen Aneinanderreihung von Ereignissen bestehen ("*Eines Tages...*"). Darüber hinaus definiert der Anfang Ort, Zeit und die Figuren, sowie die Wünsche und Motivationen der Hauptfigur im Hinblick auf die Handlung.
Für die Figuren der Erzählung ist konstitutiv, dass sie hier in der Einleitung durch ihr erstes Auftreten an Gestalt gewinnen und dem Zuhörer einen prägnanten ersten Eindruck vermitteln. Sie können sowohl Personen, als auch Tiere, Gegenstände oder Situationen umfassen, die in handlungsbildendem Zusammenhang stehen.
Da die Erzählung über das Bewusstsein des Erzählers vermittelt wird, ob nun aus einer Ich-, Er- oder seltener auch aus einer Du-Perspektive, werden die Figuren dadurch zu Geschichtenträger und Ereignisträger im Sinne von Haupt- und Nebenfiguren. Das bedeutet, dass in der Vorstellung des Erzählers die verschiedenen 'Rollen' bereits verteilt sind. Entlang der Ereignisträger beginnt der Erzähler dann eine Ereigniskette zu entwickeln, da er den Geschehnissen eine bestimmte Bedeutung für seinen Geschichtenträger zuweist, sie zueinander in Beziehung setzt und auf diese Weise den Zusammenhang der Geschichte abbildet.

4.1.2 Der zweite Erzählabschnitt

Im Hauptteil der Geschichte verfolgt der Geschichtenträger sein Ziel, angetrieben von seiner inneren Motivation (ansteigende Handlung). Die Handlung des Hauptteils resultiert aus den Ereignissen sowie den Wünschen und Ängsten der handelnden Figuren. Der Geschichtenträger stößt dabei allerdings auf Probleme, die ihn davon abhalten, sein Ziel zu erreichen (unerwartete Wendungen). Diese erzeugen Spannung und Konflikt, da sie den Weg verändern, den der Geschichtenträger gehen muss, um sein Ziel zu erreichen. Sie sind das motorische Moment der Erzählung und häufig an Worten wie "Da aber..." oder "plötzlich" zu erkennen[1].

Nach der unerwarteten Wendung folgt das Wiedererkennen, d. h. der Punkt in der Geschichte, an dem sich die Beziehung zwischen den Figuren infolge der Wendung ändert (*durch ein gemeinsames Abenteuer können Feinde zu Freunden werden und umgekehrt*). Die Wendung ist also das auslösende Ereignis, während das Erkennen die emotionale Veränderung in der Beziehung zwischen den Figuren ist, die dieses Ereignis nach sich zieht. Beides entwickelt sich als Höhepunkt automatisch aus der Geschichte heraus, die erzählt wird.

4.1.3 Der dritte Erzählabschnitt

Nach dem Höhepunkt ist die Geschichte aber noch nicht zu Ende, denn die Zuhörer sind neugierig, welchen Einfluss die Ereignisse auf die Hauptperson und ihr weiteres Leben haben. Der Schluss der Erzählung enthält daher den Ablauf der emotionalen Spannung als absteigende Handlung und die Lösung in Form eines Endbildes, das den endgültigen Abschluss darstellt.

Der Schluss ist also das logische Ergebnis aller Ereignisse in den ersten beiden Abschnitten. Alles, was bis dahin geschehen ist, führt unabwendbar zu einer endgültigen Lösung, in der alles aufgedeckt und geklärt wird, so dass keine Fragen offen bleiben. Alles – wer, was, wo – wird erklärt, und alles ergibt einen Sinn.

Aufgrund dieser drei Erzählabschnitte Anfang, Hauptteil, Schluss und den fünf Erzählmomenten Einleitung, motorisches Moment, Höhepunkt, Ablauf und Endbild lässt sich das Grundgerüst einer Erzählung schematisch als Spannungsbogen darstellen, was die Abbildung auf der folgenden Seite veranschaulicht.

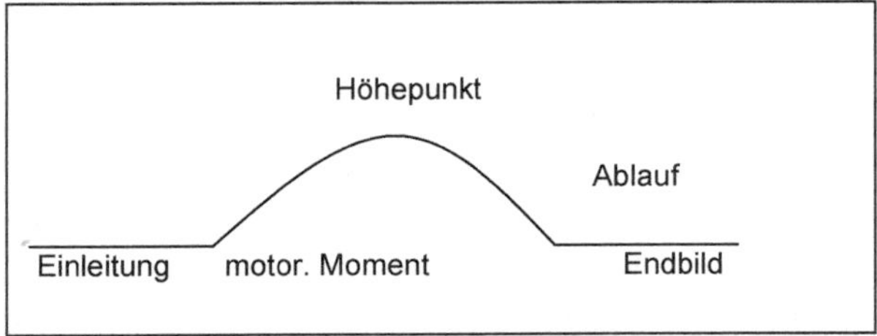

Abb. 1: Spannungsbogen der fünf Erzählmomente

Hinter dieser Struktur und der Spannungserzeugung im Erzählen steht eine bestimmte kognitive Figur, die den Aufbau von Erzählungen[2] formt und die Aufmerksamkeit einem ausgewiesenen Höhepunkt zustreben lässt: Das Drama.

Warum gerade vom Drama eine besondere Formungskraft für Erzählungen ausgeht, wird schnell deutlich, wenn man sich vergegenwärtigt, dass Erzählungen auf der Grundlage von Erfahrungen entstehen, und die meisten Erfahrungen in ihrem Ursprung dramatische sind. Denn viele von ihnen erwachsen aus Dramen bzw. aus Krisen und Inkompetenzen. Ganz gleich, ob neue Fertigkeiten, Wissen oder Planhandeln; die Ursprungsszene ist häufig krisenhaft:

Ein Mensch erfährt, dass er etwas bestimmtes nicht ist, nicht besitzt, weiß oder kann. Daraufhin ist er überrascht, enttäuscht oder neugierig, probiert etwas Neues, meidet vielleicht künftig die Krisensituation oder überlegt, wie er anders vorgehen kann. Aber auch die positiven Erfahrungen des Lebens, die Erfolgserlebnisse, sind in der Regel von dramatischen Elementen gesäumt, die in ihrer Überwindung das Erlebte erst zur wirklichen Erfahrung machen.

Die realen Bedingungen von Erfahrungsbildung sind zwar weitaus komplexer, doch für Erzählungen scheint die Erfahrung in Dramen eine wichtige Rolle zu spielen. Denn das Drama besitzt aufgrund seiner emotionalen Vehemenz die besondere Kraft, den gesetzten und routinemäßigen Alltagshorizont des Menschen zu durchbrechen. Indem es diesen Horizont des Normalen überschreitet, strebt es einem Maximum von persönlicher Erfahrung zu, wo innere und äußere Anspannung ein selten erlebtes

[1] Vgl. GRUPPE UND SPIEL: Sonderheft 1999: Geschichten erzählen, erfinden, spielen!; S. 4f.

Höchstmaß erreichen. Auf diesem Niveau angelangt, geht es dem Individuum schließlich nur noch darum, eine Lösung für den bestehenden Konflikt zu finden, um die Situation irgendwie zu entspannen. Da diese Lösung jenseits des eigenen Routinehorizonts gefunden werden muss, erweitert eine solche Erfahrung das Selbstbild des Individuums, verändert seinen Standpunkt und wird Teil seiner Identität.
Auf die Hauptfigur in einer Geschichte bezogen, stellt sich diese Veränderung immer im Endbild der Erzählung dar, und die Zuhörer lauschen gespannt bis zum Schluss, weil sie neugierig sind, wie wohl die veränderte Welt der Geschichte aussieht.

4.2 Geschichte und Plot

> "Wenn du siehst, daß jemand seine großen Stiefel anzieht und einen Hut aufsetzt, kannst du davon ausgehen, daß ein Abenteuer passiert."
>
> *Pu der Bär*
> ALAN A. MILNE

Erzählen bedeutet, Veränderungen zu kommunizieren, welche die Zuhörer miterleben, ohne aber persönlich davon betroffen zu sein. Doch diese Veränderungen beruhen letztlich auch auf Strukturen, die der allgemeinen Erfahrung entstammen. Sie lassen sich als bestimmte Zusammenhänge beschreiben, die jeder schon einmal irgendwie erfahren hat.
Die Zusammenhänge von Haltung und Verhalten eines Menschen und die Reaktionen seiner Umwelt darauf existieren seit Menschheitsbeginn und haben sich kaum verändert. Sie sind in der kollektiven Weisheit der Menschheit gespeichert und finden ihren Ausdruck in Weisheitsbüchern, Sprichwörtern (*"Wer andern eine Grube gräbt,...", etc.*) und vor allem auch in Erzählungen und Geschichten.
In Geschichten bilden die Zusammenhänge von Beziehungssystemen den abstrakten Bedeutungskern der Erzählung. Sie sind die latente Tiefenstruktur, die der konkreten

[2] Für autobiographische Erzählungen vgl. die Begriffe "Erzählkern/Komplikation" bei WIEDEMANN 1986 (S. 77ff) und "Verlaufskurve" bei SCHÜTZE 1981: Prozessstrukturen des Lebenslaufs; S. 88ff.

Handlung zugrunde liegt und die als Handlungsschema oder als Plot der Geschichte bezeichnet wird:

> Im grundlegendsten Verständnis ist der Plot eine Matrix menschlichen Verhaltens. In Tausenden von Jahren haben sich im Verhalten der Menschen Handlungs- und Gefühlsmuster entwickelt. Diese Muster sind für die menschliche Existenz wesentlich. Sie haben sich in den letzten fünftausend Jahren nicht geändert und werden sich wahrscheinlich auch in den nächsten fünftausend Jahren nicht ändern (TOBIAS 1999: 20 Masterplots; S. 20).

Das narrative Phänomen der Plots ähnelt damit in seiner Gestalt sehr den JUNGschen Archetypen in der Psyche (Vgl. Kap. 3.2), die ebenfalls als eine Matrix beschrieben werden können, da sie nicht inhaltlich sondern formal bestimmt sind. So wie die Archetypen als grundlegende Strukturen die inneren Bilder und Träume prägen, bedingt auch der Plot als Netz von Zusammenhängen die Gestalt einer Erzählung.

4.2.1 Nicht nur das 'Was', auch das 'Warum'

Eine Geschichte ist zunächst nicht mehr als eine Chronik von Ereignissen, die aus einem Ereignis- oder Lebenszusammenhang stammen. In diesem Sinne stachelt eine Geschichte zur Neugier an, denn die Zuhörer wollen wissen, was als nächstes kommt. Zur Veranschaulichung diene das folgende Beispiel[3]:

"Der König des Reiches starb, und dann starb die Königin."

Hier haben wir zwei Ereignisse aus dem äußeren Zusammenhang eines Königshofes, die in einer zeitlichen Abfolge berichtet werden. Das ist eine einfache Erzählung, eine Geschichte. Wird aber das erste Ereignis innerlich mit dem zweiten verknüpft, so dass sich das zweite Ereignis aus dem ersten ergibt, erhalten wir einen Plot:

"Der König des Reiches starb, und kurz darauf starb auch die Königin aus Kummer."

[3] Vgl. LÄMMERT 1972: Bauformen des Erzählens; S. 25.

Durch die innere Verknüpfung wird ein Spannungselement hinzugefügt: Die Königin starb, und niemand wusste, warum, bis sich herausstellte, dass es aus Kummer über den Tod des Königs geschah.
Der Plot geht also über die bloße Chronik der Ereignisse hinaus. Er ist eine Kette von Zusammenhängen aus Ursachen und Wirkungen, die zwischen dem Verhalten der Figuren und der Handlung laufend ein Muster erzeugen. Damit entspricht der Plot unserer Erwartungshaltung gegenüber Geschichten und ihrer Nachvollziehbarkeit, denn in ihm spiegelt sich unsere Weltsicht wider: Die Zuhörer stellen hier innerlich noch eine weitere Frage: Nicht mehr nur "*Was* geschieht?" sondern auch "*Warum* geschieht etwas?".
Damit fordert der Plot die Fähigkeit der Zuhörer, sich an das vorher Geschehene zu erinnern, die Zusammenhänge zwischen den Ereignissen und den Figuren zu verstehen, um letztlich sogar das Ende der Geschichte vorwegnehmen zu können.
Solches "Schemaorientiertes Erzählen ist charakteristisch für mündliches (fiktionales wie nichtfiktionales) Erzählen"[4], da das grundlegende Schema sowohl dem Erzähler als auch den Zuhörern eine zusätzliche Orientierung bietet. Die Zusammenhänge des Plots sind die Bedingungen, unter denen sich die Geschichte entwickeln muss, und dadurch lassen sie die nächsten Ereignisse bereits erahnen.
Die Anzahl der möglichen Plots ist, wie die der JUNGschen Archetypen (siehe Kap. 3.2), eine endliche, da sie den menschlichen Grunderfahrungen und Verhaltensweisen entsprechen. Je nach der Kategorisierung ihrer Merkmale werden in der Literatur dafür verschiedene Zahlen angeführt. Die grundlegendste Unterscheidung und Reduzierung aller Plots auf nur zwei Kategorien ergibt sich aus der folgenden Frage:

- *Bildet der Plot eine Art Abenteuergeschichte, in der es hauptsächlich auf das Handeln der Figuren ankommt (äußerer Bezug), oder beschäftigt sich die Geschichte eher mit den seelischen Prozessen der Hauptfiguren (innerer Bezug)?* Aus dem vorherrschenden Merkmal, beides schließt sich ja nicht gegenseitig aus, ergibt sich dann die Bestimmung eines Plots entweder als 'Action-Plot' oder als 'Geist-Plot'.

Ein Action-Plot konfrontiert die Zuhörer weniger mit moralischen oder intellektuellen Fragen und seine Hauptfiguren verändern sich durch die Geschichte innerlich nur

[4] MARTINEZ 1999: Einführung in die Erzähltheorie; S. 136.

wenig. Wichtiger ist ein Gefühl von Spannung und Atemlosigkeit. Seine treibende Kraft sind die mitreißenden Ereignisse der Geschichte und die Handlungen der Hauptfiguren.
Beim Geist-Plot wendet sich der Erzähler dagegen mehr dem Seelenleben seiner Figuren zu, erforscht die menschliche Natur und die Beziehungen zwischen Menschen. Fast immer suchen dabei die Hauptfiguren nach irgendeinem Lebenssinn und ihre signifikanten Charaktere und Beziehungen fesseln die Zuhörer mehr als die äußeren Ereignisse.
In mündlichen Erzählungen ist meistens der Action-Plot vorherrschend, während der Geist-Plot eher die Romanwelt dominiert. Denn die Aufmerksamkeit der Zuhörer ist eine andere als die der Leser. Die Zuhörer können in der Geschichte nicht zurückblättern oder innehalten, um eine komplexe Entwicklung seelischer Prozesse nachzuvollziehen. Statt dessen befinden sie sich unmittelbar in der Geschichte im Moment des Erzählens, und nur die Stimme des Erzählers trägt sie von einem Ereignis zum nächsten.
Um einmal einen für das mündliche Erzählen recht zentralen Action-Plot genauer zu betrachten, wird im Folgenden der Abenteuer-Plot exemplarisch vorgestellt. Andere Action-Plots sind beispielsweise *das Rätsel* (Detektiv- und Kriminalgeschichten), *die Verfolgung* (die erzählerische Variante des Versteckspiels), *die Rettung*, etc.

4.2.2 Der Abenteuer-Plot

Alle Welt liebt gute Abenteuergeschichten, von Robinson Crusoe bis James Bond. Der Held der Geschichte zieht in eine unbekannte Welt hinaus und erlebt stellvertretend für den Zuhörer Abenteuer an Orten, die dieser wahrscheinlich selbst nie gesehen hat.
Zu einem Abenteuer kann alles werden, was exotisch und fremd ist, von einer kleinen Bar in Berlin bis zur Seefahrt auf einem Piratenschiff. Abenteuer bedeutet in diesem Zusammenhang, Dinge zu tun, die wir wahrscheinlich in Wirklichkeit nie tun werden, es heißt, sich an den Rand des Abgrunds zu wagen und am Ende als Sieger hervorzugehen.
Zum Gesetz des Abenteuers gehört es, dass der Held seine Heimat verlassen muss, um irgendwo sein Glück zu machen; zuhause kann er es nicht finden. Und schon bald

wird er sich in einer Welt wiederfinden, die so ganz anders ist als unsere gewohnte Alltagswelt.
Der Psychotherapeut Bruno Bettelheim, der sich mit der Psychologie des Märchens beschäftigt, spricht in diesem Zusammenhang von der Angst des Kindes, den Schoß der Mutter zu verlassen und in die Welt hinauszugehen. Genau davon handeln viele Märchen: von der Angst, sich ins Unbekannte zu wagen. Die Abenteuergeschichte für Erwachsene ist dabei nichts anderes als die Fortsetzung dieses Kindermärchens. Deshalb soll der Abenteuer-Plot am Beispiel des Grimmschen Märchens "Die drei Sprachen"[5] kurz skizziert werden:

1. Erzählabschnitt:
Ein verärgerter Vater will, dass sein 'dummer' Sohn etwas Gescheites lernt; der Sohn gehorcht, lernt aber nicht das, was sein Vater möchte; nach drei unerwünschten Ausbildungen (er lernt die Sprachen von Hunden, Fröschen und Vögeln) folgt die Enterbung und der Mordauftrag durch den Vater, der es dem Sohn unmöglich macht, zurückzukehren.

2. Erzählabschnitt:
Der Sohn, nicht länger den Forderungen des Vaters unterworfen, *muss nun selbst handeln*. Dadurch unterscheidet sich der erste vom zweiten Erzählabschnitt: Die Motivation des Sohnes ist jetzt eine andere. Er gelangt zu einer Burg und bittet um Nachtherberge, die er auch bekommt, aber in einem verwünschten Turm, in dem wilde Hunde ihr Unwesen treiben. Aufgrund seiner ersten Ausbildung gelingt es ihm allerdings, den Fluch zu lösen, einen verborgenen Schatz zu heben und dadurch vom Burgherrn an Sohnesstatt angenommen zu werden. Damit hat er einen intoleranten gegen einen großzügigen Vater ausgetauscht.
Der Erzähler greift also auf den Stoff des ersten Abschnitts zurück, um darauf den zweiten Abschnitt aufzubauen. Diese Sequenz enthält zudem Elemente von Angst, Schrecken, Faszination und Offenbarung, die dem Abenteuer erst Farbe und Kraft verleihen. Da dieser Abschnitt nur eine Episoden mit Hunden enthält, müssen im dritten Abschnitt Herausforderungen folgen, bei denen Frösche und Vögel eine Rolle spielen. Darin liegt eben der Reiz und die Ökonomie des Märchens.

[5] BRÜDER GRIMM 1982: Kinder- und Hausmärchen (Nr. 33); S. 122ff.

3. Erzählabschnitt:
Wie in den meisten Plots beantwortet der dritte Erzählabschnitt die Frage, die im ersten Abschnitt aufgeworfen wurde: Wird der Sohn sein Glück in der Welt finden? Ja. Doch es ist der Weg hin zu diesem 'Ja' der uns am meisten interessiert. Tatsächlich ist das 'Ja' für die Zuhörer vielleicht gar nicht so wichtig. Im Abenteuer-Plot geht es um einen Prozess. Wir genießen deshalb die gefahrvolle Reise mindestens ebenso wie die gute Lösung am Schluss der Geschichte.

Wenn sich ein Erzähler diese Struktur von Erzählabschnitten und Erzählmomenten (s. Abb. 1) und die Zusammenhänge des Plots gut merkt, können sie ihm als zuverlässige Wegweiser dienen. Denn sie geben die Marschroute vor, die mit der Erzählung zurückgelegt werden soll und behüten den Erzähler vor Irrwegen und unbedeutenden Abschweifungen, welche der Geschichte nur Spannung entziehen.

Die fünf Erzählmomente sind dabei nicht statisch. Sie sind abhängig von der Interpretation des Erzählers. Bei jeder neuen Interpretation der Erzählung müssen diese fünf Wegweiser immer wieder neu gesetzt werden, um der Erzählung ihre Ganzheit zu verleihen.

Mit diesem theoretischen Kompass im Gepäck können wir uns nun weiter in die narrative Welt vorwagen, um dort den praktischen Fragen des Erzählens zu begegnen: ***Was*** kann eigentlich alles erzählt werden? Und vor allem: ***Wie*** kommt man überhaupt darauf?

5 Methoden des Findens und Erfindens[1]

> "Du kennst doch meine Methode, Watson. Sie beruht auf der Beobachtung von Nebensächlichkeiten."
>
> *Sherlock Holmes*
> ARTHUR CONAN DOYLE

Die Tätigkeit eines Erzählers und die eines Detektivs sind sich im übertragenen Sinne recht ähnlich: Der Detektiv sucht eine Geschichte aufzudecken, die bereits passiert ist. Der Erzähler hingegen sucht eine Geschichte aufzudecken, die nicht oder zumindest nicht in dieser Art und Weise passiert ist. Um der jeweiligen Geschichte näher zu kommen, arbeiten beide mit Vorstellungen (innere Bilder) und Schlussfolgerungen (Handlungsschemata), die durch gewisse Indizien bedingt sind.

Unter Rückbezug auf Kap. 3 können die Indizien für das Geschichtenerfinden als dasjenige beschrieben werden, woran sich eigene Erfahrungen und innere Bilder anknüpfen. Dieses Gebilde wird dann durch die Projektion von Gefühlen lebendig und eine Handlung wird in Gang gesetzt.

Diese Indizien oder Auslöser für eine Erzählung können dabei ganz unterschiedlicher Art sein: Einmal genügt die Erinnerung an etwas Selbsterlebtes oder ein spontaner Gedanke, ein anderes Mal ein bestimmtes Geräusch oder ein exotischer Duft, der Bilder eines fernen Urlaubs lebendig werden lässt. Dabei sind besonders solche Auslöser wirkungsvoll, die einen sinnlich-bildhaften Eindruck vermitteln, um über Gedächtnisbilder aus dem Fundus der Erfahrung schöpfen zu können.

Da das frei Erzählen erst im sozialen Kontext seine volle Bedeutung gewinnt, werden in der folgenden Darstellung hauptsächlich gemeinschaftliche Erzählspiele und Übungen vorgestellt, die mit solchen Auslösern arbeiten, um dadurch das Erzählen spontaner und beweglicher zu machen.

[1] Dieses Kapitel beschäftigt sich mit kreative Methoden, ohne dabei thematisch gebunden zu sein. Einen reichen Fundus mit über 70 Vorschlägen zum themenzentrierten Erzählen und Erfinden bietet VOPEL 2001: Geschichtenwerkstatt.

5.1 Rundum-Erzählen mit Gegenständen

Für das Rundum-Erzählen sollte die Erzählrunde nicht zu groß sein und möglichst nicht aus mehr als zehn Teilnehmern bestehen. Am günstigsten gestaltet sich das Erzählen am Anfang sogar in noch kleineren Gruppen, etwa zu dritt oder zu fünft.

5.1.1 Ein ritueller Rahmen

Ein besonderes Augenmerk verdienen bei diesem Spiel wie bei allem Erzählen auch das Ambiente und die Atmosphäre, in der die Erzählrunde zusammenkommt. Denn mit einer phantasievollen Dekoration in einem ansprechenden Raum können wir die Teilnehmer bereits ohne Worte in eine für das Erzählen positive Grundstimmung versetzen.

Als Erzählzeit eignet sich besonders ein dämmriger Spätnachmittag oder ein Abend mit Kerzenlicht, vielleicht sogar ein ungemütliches Wetter, bei dem man froh ist im Haus zu sein, um von besseren Zeiten zu träumen. Abgesehen von diesen äußeren Bedingungen sind weiche Teppiche und Kissen sowie Vorhänge und Tücher in gedeckten Farben einer gemütliche Atmosphäre förderlich. Wichtig ist, dass der Raum den passenden Rahmen bildet für die Geschichten, die in ihm entstehen sollen. Das kann sowohl ein weiter Gruppenraum, ein märchenhafter Wintergarten oder auch ein unheimlicher Dachboden sein.

Beim Rundum-Erzählen spielt die Runde, der Kreis, eine besondere Rolle, da hier etwas im Kreis herumwandert. Doch auch für die Gruppe ist die geschlossene Kreisform wichtig, da sie für alle eine Geschlossenheit und Ganzheit symbolisiert. Das Rund der Gruppe ist wie das Rund des Brunnens, aus dem geschöpft werden soll. Deshalb ist es sinnvoll, die Mitte dieses Kreises zu markieren, von der jeder Teilnehmer den gleichen Abstand hat. Diese Mitte zentriert die Gruppe in ihrer gemeinsamen Tätigkeit und sollte durch ihre Dekoration das Zentrum des Erzählens bilden, auf dem der Erzähler auch mal seinen Blick ruhen lassen kann, bevor er wieder den Blickkontakt mit den anderen aufnimmt.

Diese Dekoration kann beispielsweise aus einem phantasievollen Tuch, einem Kerzenleuchter oder einer Pflanze bestehen. Das Zentrum aber bildet ein kleiner Koffer oder eine alte Kiste, in der die Gegenstände zum Erzählen aufbewahrt werden und die einzig und allein diesem Zwecke dient, während die Gegenstände darin durchaus wechseln können. Diese Kiste sollte selbst schon eine Geschichte sein, so wie es KJELL JOHANSSON in seinem Roman "Der Geschichtenmacher" eindrücklich beschreibt:

> Die Kiste wartete in der Küche. Vater öffnete das Schloß, deutete auf die Malereien innen im Deckel, neun Bilder, die ineinander übergingen, ohne wirklich zusammenzugehören. Eine Reihe menschlicher Gesichter, manche fröhlich, manche traurig, lief wie ein Fries um das Gemalte. Einige Bilder konnte man auf der dumpfen, dunklen Farbe des Holzes kaum ausmachen, wie das Schmerzenskind in der Dunkelheit, während andere deutlicher waren, zum Beispiel die indische Tempeltänzerin und die Pferde am Waldrand.
> [. . .]
> Die Kiste war voller Gold- und Silbermünzen, glänzende Armreife und goldene Ringe mit Diamanten waren da, und andere glitzernde Träume. Auch Schuhe und Kleider lagen in der Kiste, ein weißes Hemd, ein dunkler Anzug und ein glatter Seidenschal [. . .]. "Die Kiste habe ich in Kalkutta einem Schlangenbeschwörer abgekauft. Er war ein Zwerg und hat darin gewohnt", sagte Vater (S. 9).

5.1.2 Die Gegenstände

Die Gegenstände, die in der Kiste sind, sollten so beschaffen sein, dass sie die Phantasie der Teilnehmer anregen. Es sollten also nach Möglichkeit Originale sein, die schon einige Gebrauchsspuren aufweisen können, oder naturbelassene Gegenstände aus der Umgebung. Von künstlich wirkenden Nachbildungen aus Plastik ist jedenfalls abzuraten, denn sie müssen von den Teilnehmern im Erzählen im doppelten Sinne des Wortes begriffen werden können. Zum einen sind sie in ihrer Gebrauchsfunktion zu verstehen, die u. U. für die Geschichte handlungsbildend ist. Diese Funktion wird eindrücklich aber erst in der sinnlichen Erfahrung erlebbar, wie Menschen mit dem Gegenstand umgehen, ihn begreifen:

> Es sind sinnlich erfahrbare Gegenstände und nicht nur Wörter. Auch das ist mir wichtig: Die im Deutschunterricht allzu beliebten Reizwörter, mit denen Geschichten erzählt werden sollen, sind alle zu sehr nur Material für den Kopf, nicht für die Hände. Die kleinen Gegenstände aus der geheimnisvollen Schachtel aber haben eine Farbe, eine Form und einen Geruch. Sie sind sinnlich erfahrbar (KOHL 1994: Wo wohnen die Geschichten?; S. 132).

Für diese sinnliche Erfahrung der Gegenstände vor und während des Erzählens eignen sich vor allem auch Dinge mit beweglichen Teilen, wie ein quietschendes Vorhängeschloss, eine lederne Handtasche oder ein verziertes Kästchen, das man auf und zu machen und etwas wertvolles darin verwahren kann.

Gerade für den Einstieg ins freie Erzählen hat sich die Arbeit mit derartigen Gegenständen bewährt, weil die Erzählenden etwas in der Hand haben, an dem sie sich festhalten können. Das hat seine Bedeutung sowohl auf der körperlichen wie auch auf der narrativen Ebene:

Körperlich, da das freie Erzählen zunächst eine große innere Anspannung und Unsicherheit mit sich bringen kann, in der man ein Bedürfnis nach einem festen Halt hat, um darüber auch körperlich die innere Anspannung als Druck auf den Gegenstand zu übertragen.

Auf der narrativen Ebene spielt der Gegenstand aber auch eine wichtige Rolle, da er den roten Faden in der Geschichte bildet oder, wenn er eine Stimme bekommt, sogar selbst zur Hauptperson werden kann (*was könnte eine sprechende Handtasche, die in der Londoner U-Bahn vergessen wurde, wohl alles erzählen?*). Deshalb ist es vorteilhaft, diesen Gegenstand vor Augen zu haben, um ihn im wahrsten Sinne des Wortes 'lebendig' werden zu lassen und um sich im Erzählen nicht zu weit von ihm zu entfernen.

Je nach Zusammensetzung der Gruppe in Bezug auf Alter und Geschlecht der Teilnehmer sollten die Gegenstände auch so gewählt sein, dass sie für alle Teilnehmer eine möglichst große Bandbreite an Bedeutungen eröffnen. Zum Beispiel in dem Sinne, dass sie in einem ausgewogenen Verhältnis sowohl die männliche wie weibliche Welt der Gebrauchsgegenstände berücksichtigen, wie auch die Welt der Kinder und die der Erwachsenen.

Das klingt vielleicht etwas kompliziert, aber in der Praxis ergibt sich eine gute Mischung meistens ganz von selbst. Natürlich bleibt noch die Art der zu erzählenden Geschichten zu berücksichtigen, die sich aber natürlich auch mischen können. Für Märchen und Sagen kommen dabei in erster Linie archaische Dinge in Betracht, die man häufig auf Trödelmärkten finden kann: ein kleiner, bunter Teppich, eine seltsame Flasche, eine alte Öllampe, ein Ring oder eine Vase, etc.

Für die Abenteurer unter den Erzählern gibt es vielleicht einen Kompass aus gelbem Messing, einen Sonnenhut, eine Land- oder Schatzkarte oder eine abgewetzte Taschenlampe. Und schließlich bleibt noch das, was man in jedem Haushalt finden kann: Einen alten Schlüssel, von dem niemand mehr weiß, in welches Schloss er passt, einen Brieföffner, einen Kugelschreiber, etc. So ausgerüstet kann die erste Expedition ins freie Erzählen ihren Anfang nehmen.

5.1.3 Erzählweisen

Wie und in welcher Weise erzählt wird, ist in erster Linie Vereinbarungssache zwischen den Beteiligten. Zu Beginn ist es sicherlich sinnvoll, dass die Leitung der Erzählrunde den Anfang macht, sich etwas aus der Kiste nimmt und mit einer einführenden Geschichte um diesen Gegenstand herum alle Teilnehmer mit der narrativen Welt in Kontakt bringt. Danach ist einfach der Nächste im Uhrzeigersinn dran, der sich einen Gegenstand aussuchen darf.

Will man das Gruppengefühl der Beteiligten stärken, so empfiehlt es sich in erster Linie mit nur einem Gegenstand zu erzählen, der einmal durch den ganzen Kreis wandert, bis er wieder bei der Leitung angekommen ist. Dadurch wird dieser Gegenstand (z. B. eine Öllampe) zur symbolischen Verbindung aller Teilnehmer, da jeder eine Geschichte damit erzählt hat. Außerdem erleichtert es das Erzählen für Anfänger, da sich eine Geschichte teilweise schon aus der/den vorigen ergeben kann, indem der eine Teilnehmer am Schluss seiner Geschichte die Lampe verliert und sie dann von einem anderen gefunden wird, oder sie wird an den Nachfolger weiter verkauft oder geschenkt. Auf diese Weise wird die soziale Wahrnehmung aller Beteiligten und das gegenseitige Aufeinandereingehen geübt. Beides ist für das Erzählen unerlässlich.

5.1.4 Variationen

Der spielerischen Ausgestaltung des Rundum-Erzählens sind keine Grenzen gesetzt. Denkbar wäre zum Beispiel auch, dass die Reihenfolge der Erzähler nicht auf der Sitzordnung basiert, sondern erst durch Zuwurf eines Wollknäuels bestimmt wird. Dabei muss sich jeder Erzähler dann den (sprichwörtlich roten) Faden einmal um den Bauch binden, aus dem sich dann innerhalb der Runde ein Labyrinth von Geschichten ergibt, das erst durch Nacherzählen wieder aufgelöst werden kann, o. ä.

Eine andere Möglichkeit wäre, das Ganze auf Schnelligkeit zu spielen, indem jeder nur einen Satz erzählt. Sollten Spiel und Spaß sich dabei zum Chaos steigern, so wird es erst richtig lustig, denn es ermutigt zu den wildesten Assoziationen und zu neuen, von den bisherigen Gewohnheiten abweichenden Verhaltensweisen.

Auf diese Weise kommen die überraschendsten und phantastischsten 'Erzählungen' zustande, wobei die gemeinsam gesponnenen Erzählungen jedem gehören, auch demjenigen, der sich vorher nie zugetraut hätte, anderen etwas zu erzählen. Auch er hat auf diese Weise plötzlich eine Geschichte erzählt.

Rundum-Erzählungen sind also Erzählspiele, die einen hohen Unterhaltungswert besitzen und gleichzeitig Selbstvertrauen und Selbstbewusstsein (vgl. Kap. 1.2) stärken. Darüber hinaus eignen sie sich besonders für Anfangssituationen, für einen gemeinsamen Erzähl-Einstieg und zum Einander-Kennenlernen, denn durch das Erzählen erfährt man vom Wesen der anderen viel mehr und ganz anderes, als man es durch rationale Fragen (*Wie heißt Du? Wo wohnst du? Welche Hobbys?...*) erfahren könnte. Es sind ja gerade die eigenen Wünsche, Sehnsüchte und Ängste, die sich unterschwellig in den Geschichten mitteilen, d. h. Dinge, die man anderen beim ersten Treffen nie direkt erzählen würde. Doch weil alle es (durch ihre Geschichte) tun, wächst die Verbundenheit dadurch umso schneller, und selbst wenn man den Namen eines Teilnehmers vergessen hat, so kennt man auf jeden Fall noch seine Geschichte ('*...Du warst doch der mit der Holzfäller-Geschichte...*').

5.2 Erzählen mit Karten

Das Erzählen mit Motiv- und Bildkarten ist ebenfalls eine gute Möglichkeit für den Einstieg ins Erzählen. Zwar fällt bei ihnen die sinnliche Erfahrung des Gegenständlichen weg, aber dafür zielen ihre Bilder direkt auf das bildhafte Denken von Geschehnissen ab[2].

Ein weiterer Vorteil der Karten ist, dass sie schnell und überall einsatzbereit sind, weil man sie leichter transportieren kann, als eine Kiste voller Gegenständen. Auf Freizeiten, Klassenfahrten oder bei einer unvorhergesehenen Schlecht-Wetter-Pause genügt ein Griff in die Tasche und tausend Möglichkeiten liegen auf der Hand. Der Spielkartencharakter trägt dazu bei, dass sich hier wieder viele spielerische Möglichkeiten für das Erzählen ergeben:

Zuerst werden alle Karten gemischt und jeder Teilnehmer erhält drei bis fünf eigene, die er sich anschaut. Mit dem Betrachten der Bilder und Motive setzt dann bei jedem der Erfindungsprozess ein, der die einzelnen Karten durch eine Handlung miteinander verbindet und so die Reihenfolge der eigenen Karten festlegt. Wenn alle ihre Karten in die richtige Reihenfolge gebracht haben, wird ausgewürfelt, wer mit der ersten Geschichten beginnt. Dabei kann auch verabredet werden, dass jeder zu seinen bekannten Karten im Erzählen noch ein oder zwei neue aus dem übriggebliebenen Kartenstapel ziehen und dann spontan in seine Geschichte einbauen muss.

Für das Erzählen mit Karten ist es besonders anregend, eine gemeinsame Geschichte zu erzählen, da man mit Hilfe seiner Karten gut in die sich entwickelnde Geschichte eingreifen kann. Dazu hält jeder seine Karten verdeckt, damit niemand im voraus erahnen kann, was in der Geschichte wohl als nächstes vorkommt. Der erste Erzähler legt dann eine seiner Karten offen auf den Tisch und beginnt mit der dargestellten Situation eine Geschichte. Wenn sein Motiv bzw. die Einleitung ausführlich genug erzählt ist, kann ein anderer eine seiner Karten anlegen und damit die Erzählung fortsetzen, u.s.w. Dadurch befinden sich alle in einer gemeinsamen Geschichte, die aber niemand im voraus wirklich kennt, und es bleibt bis zum Schluss spannend, wie das Ganze wohl ausgehen wird.

Noch spontaner und damit noch phantastischer wird das Erzählen, wenn die Karten wie ein Memory-Spiel verdeckt auf dem Tisch verteilt werden. Der erste Spieler/Erzähler dreht die erste Karte um und beginnt damit spontan eine Erzählung, bis er mit einer Aufforderung dem zweiten in der Runde ein Zeichen gibt. Dieser dreht dann eine weitere Karte um und muss damit die angefangene Erzählung fortsetzen, ganz gleich, wie absurd das Kartenmotiv auch im Zusammenhang stehen mag. Dadurch wird assoziatives und vernetztes Denken trainiert, das in Sekundenschnelle erzählbare Zusammenhänge herstellen muss zwischen der bisherigen Geschichte und so unterschiedlichen Motiven wie einer Armbanduhr, einem Indianer am Lagerfeuer oder einem Mann an einer Bushaltestelle.

Neben den im Handel erhältlichen Karten eignen sich besonders selbstgemachte Karten für diesen Zweck, die man auch gemeinsam mit den Teilnehmern, seien es Kinder oder Erwachsene, gestalten kann. Die Motive hierfür können ebenso eigene Zeichnungen sein, wie auch Collagen und Bilder aus Illustrierten oder kleine interessante Zeitungsartikel, die als Vorgabe dienen und weitererzählt werden sollen.

[2] Einige Beispiele für solche Spiel-, Bild- und Motivkarten befinden sich im Anhang .

5.3 Erzählen mit Erzählvorgaben

Je besser die Teilnehmer mit der Zeit im narrativen, d.h. bildhaften Denken geübt sind, umso mehr können auch abstraktere Elemente wie Buchstaben, Wörter und Sätze als Erzählauslöser benutzt werden. Wichtig dabei ist nur, dass die Wörter als Bilder verstanden werden, um gut mit spontanen Assoziationen arbeiten zu können.

5.3.1 Buchstaben-Geschichten

Ein besonders bei Kindern beliebter Erzählauslöser besteht darin, ein scheinbar ganz gewöhnliches Wort in seine Buchstaben zu zerlegen, um daraus Anfangsbuchstaben für eine Geschichte zu gewinnen. Man schreibt dazu einfach die Buchstaben des Wortes (z.B. **Stein**) untereinander und ergänzt daneben die erstbesten Wörter, die einem einfallen:

S -	**S** - *Sabine*
T -	**T** - *traurig*
E -	**E** - *Einhorn*
I -	**I** - *Irland*
N -	**N** - *Nebel*

Um diese fünf Wörter kann nun blitzschnell eine kleine Geschichte erzählt werden, die allerdings noch verrückter ausfällt, wenn die fünf Buchstaben zu fünf Wörtern führen müssen, die zusammen einen vollständigen Satz ergeben sollen:

S - *Siebenhundert*
T - *Tatzelwürmer*
E - *erheben*
I - *ihre*
N - *Nebelhörner*

Ein Zug von siebenhundert Tatzelwürmern, die auf Nebelhörnern blasen, ist schon ein sehr beeindruckendes und daher besonders brauchbares Bild für eine Geschichte.

Denn jeder wird darauf sogleich die Frage stellen: *Warum tun sie das*? Und darin liegt der ganze Stoff für eine (wahrscheinlich sehr phantastische) Geschichte. Je absurder das Bild, desto größer ist also der erzählerische 'Erklärungsbedarf', der eine Geschichte entstehen lässt.

5.3.2 Wort-Geschichten

Wie die oben angeführten Beispiele zeigen, beinhaltet jedes Wort bereits eine Vielzahl von Geschichten, die sich in seinen Buchstaben aufspüren lassen. Doch darüber hinaus steht jedes Wort auch wiederum mit anderen Wörtern in Verbindung und in einem assoziativen Zusammenhang.
Im allgemeinen bestehen solche Wortzusammenhänge zunächst aus Wörtern, die mit dem/den gleichen Buchstaben beginnen, wie ***Stein***, *Stumpf*, *Sumpf*, etc; desgleichen auch aus Wörtern, die sich reimen, wie ***Stein***, *Schwein*, *kein*, *Wein*, etc. Aus solchen Sprachspielen lassen sich schnell kleine Geschichten entwickeln:

Es lebte einst ein süßes Schwein,
das trank so gerne roten Wein.
Doch auf den Weinberg durchs Gestein
da kam's nicht rauf, es war zu klein.
Das ging ihm gar durch Mark und Bein,
es wollte schon kein Schwein mehr sein.
Doch es besann sich insgeheim:
"Ich geh ins Dorf
und kauf den Wein."

Neben diesen sprachlichen Verbindungen gibt es noch die rein assoziativen Zusammenhänge von Wörtern, die sich bei jedem Menschen aufgrund seiner eigenen Erfahrung und der Bedeutungsähnlichkeit von Wörtern entwickelt haben. Durch spontanes Assoziieren kommen diese Zusammenhänge als Assoziationsketten zum Ausdruck, die dann als ein Grundgerüst für eine Erzählung dienen können:

Stein – *Diamant* – *Fels* – *Felseninsel* – *Klippen* – *Meer* – *Schiff* – *Piraten* etc.

Das phantastische Thema – der Ansatzpunkt für eine Geschichte – kann also aus einem einzigen Wort heraus entstehen. Oder besser gesagt: aus zwei Worten heraus. Denn das einzelne Wort 'handelt' nur, wenn es auf ein anderes stößt, das es provoziert und zwingt, das Gleis der alltäglichen Gewohnheiten zu verlassen.

Wenn man sich die Entwicklung des Denkens beim Kind anschaut, so fällt auf, dass hier die Idee von 'weich' ja auch nicht vor oder nach der Idee von 'hart' entsteht, sondern gleichzeitig in einem Neues erzeugenden Zusammenprall. Am Anfang war und ist also der Gegensatz, der 'kreative Urknall'. Das grundlegende Element des Denkens ist gerade diese binäre Struktur und nicht die einzelnen Elemente, aus denen sie sich zusammensetzt. Wie in der übrigen Natur so geht auch hier die Zweiheit, das Paar, den einzelnen Elementen voraus.

Um eine möglichst phantastische Geschichte aus einem solchen 'Binom' heraus zu entwickeln, bedarf es allerdings einer gewissen Distanz zwischen zwei Wörtern. Das eine muss dem anderen ausreichend fremd und ihre Kopplung muss möglichst ungewöhnlich sein, damit die Vorstellungskraft gezwungen wird, sich in Bewegung zu setzen, um zwischen ihnen eine (phantastische) Gesamtheit zu konstruieren, in der die beiden fremden Elemente 'zusammenleben' können. Deshalb ist es gut, das phantastische Binom mit Hilfe des Zufalls zu suchen (z.B. in einem Wörterbuch oder durch Vertauschung von Buchstaben in einem Wort: *Wollschaf – Rollschaf; Staubsauger – Raubsauger,* etc.).

Auf diese Weise kann man entweder um eine seltsame Wortverknüpfung herum erzählen oder man benutzt die 6-W-Fragen[3], um Wörter und Zusammenhänge im Sinne einer Geschichte bereits im vorhinein zu strukturieren.

Die 6-W-Fragen lauten:

Wer? war es, der etwas getan, erlebt, erlitten . . .hat?
Was? ist getan, erlebt, erlitten . . .worden?
Wann? ist es getan, erlebt, erlitten . . .worden?
Wo? ist es getan, erlebt, erlitten . . .worden?
Wie? ist es getan, erlebt, erlitten . . .worden?
Warum? ist es getan, erlebt, erlitten . . .worden?

[3] Vgl. SCHUMANN 2000: Grundlagen und Techniken der Schreibkunst; S. 35ff.

Mit Hilfe dieser Fragen kann man schnell eine kurze Geschichte in der Art eines Zeitungsberichtes erfinden, die je nachdem auch weiter ausgebaut werden kann.

Die oben vorgestellten Möglichkeiten beziehen sich nun hauptsächlich auf das Entwerfen der Handlung der Geschichte. Doch auch der andere Weg über die Figuren oder die Hauptperson ist möglich, denn eine Geschichte lebt nicht nur von ihrer Handlung, sondern auch von den Figuren, die darin vorkommen. In ihnen können sich die Zuhörer wiederfinden, sie lachen über sie oder weinen mit ihnen. Deshalb ist es wichtig, charakteristische Figuren zu zeichnen, die einem vielleicht auch in der Realität so begegnen könnten.
Das erste, was zum Entwerfen einer Figur gehört und sie menschlich macht, ist, ihr einen Namen zu geben. Dabei kann man entweder seine Phantasie spielen lassen oder man macht ein kleines Spiel daraus, indem ein Telefonbuch herumgereicht wird, das nach dem Zufallsprinzip aufgeschlagen für jeden einen anderen Namen hervorbringt. Dann kommt man miteinander über diese Namen ins Gespräch, indem jeder versucht, sich eine Person mit diesem Namen vorzustellen. Woran denken wir, wenn wir den Namen hören und was fällt uns alles dazu ein (*Herr Windhövel ist vielleicht eher ein Luftikus, während Fräulein Wackernagel einer gewissen Strenge sicher nicht entbehrt*):

- Wie alt ist er/sie?
- Wie sieht er/sie aus: Gesicht, Brille, Haare, Kleidung...?
- Wo wohnt/arbeitet er/sie: altes Fachwerkhaus, Hochhaus, Büro, LKW...?
- Was macht er/sie in der Freizeit am liebsten: Familie, Hobbys...?
- Was prägt seinen/ihren Charakter: ängstlich, weltoffen, unbeholfen...?

Aus diesen Eigenschaften und einigen gegensätzlichen Umständen lässt sich dann leicht eine erzählenswerte Geschichte ableiten.
Dieses Thema der 'Wortspielereien' ist sicherlich unerschöpflich. Doch um mit Erzählvorgaben von den eher kurzen Geschichten zu längeren Erzählungen zu gelangen, sollen abschließend noch einige Möglichkeiten aufgezeigt, deren Ausgangspunkt ganze Sätze oder Texte sind.

5.3.3 Satz-Geschichten

Die wohl bekannteste Form solcher Erzählungen orientiert sich an der Frage:
"Was wäre, wenn . . .?"
Diese Formel fungiert auch in vielen Kinderspielen als 'phantastische Hypothese', deren gedachte Konsequenzen zu einer Geschichte führen können:

Was wäre, wenn unsere Schule eine Burg mit schwerer Zugbrücke und hohen Mauern wäre?
Dann wäre der Schuldirektor der König und die Lehrer sind seine Minister. Auf seinem Drahtesel kommt Peter morgens immer als erster zur Burg geritten, um seinen ritterlichen Mut im Kampf gegen widerwärtige Sachaufgaben und listige Rechtschreibfehler zu beweisen, obwohl er eigentlich . . .

Zu diesem Typ gehören Erzählungen wie *'Als ich noch Piratenkapitän war...'* ebenso wie die Geschichte von Pinocchio, der tatsächlich reich wird, weil er mit dem Holz handelt, das er sich durch seine Lügen verschafft. Mit Hilfe einer phantastischen Hypothese lässt sich ja jede Wirklichkeit, auch die einer literarischen Vorlage, auf das Seltsamste verdrehen.
Statt eine vorgeschaltete Hypothese zu benutzen, ist es umgekehrt auch möglich, Geschichten zu erzählen, die am Schluss mit einem Bestimmten Satz enden sollen, der für die Handlung gewisse Zusammenhänge impliziert, wie etwa: *'Und das einen Tag vor Weihnachten/ vor der Abiturprüfung/ vor der Abreise!'*, etc. Um daraus eine spannende Geschichte und eine gute Pointe zu entwickeln, ist schon einiges erzählerisches Können gefragt.
Von diesen vorgegebenen Sätzen ist der Sprung nicht mehr weit zu einer vorgegebenen Einleitung, einer Geschichte gar, die erzählt wird und plötzlich abbricht, um von jemand anderem weitererzählt zu werden. Dabei kommen häufig lebhafte Diskussionen zustande, wie die Geschichte am besten weitergehen soll und es fehlt selten an Anregungen der Zuhörer, wie eine unglückliche Geschichte doch noch zu einem guten Ende finden kann.
Mit diesen praktischen Vorschlägen sind wir auch am Ende des ersten Teils unserer narrativen Expedition angekommen. Der nun folgende zweite Teil wird gerade auf die oben beschriebenen Reaktionen der Zuhörer und auf die Wechselwirkungen zwischen ihnen und dem Erzähler näher eingehen.

Teil B: Erzählen heißt: andere ansprechen

> Einer steht auf und erzählt eine Geschichte.
> Das ist alles. Kein Kostüm, keine Maske, kein Bühnenbild und keine aufwendige Lightshow.
> Nur meine Worte, meine Augen und (...) die Ohren, Augen und Herzen meiner Zuhörer.
>
> FOLKE TEGETTHOFF

Andere ansprechen bedeutet, über den eigenen Schatten springen, aus sich herauskommen, sich mitteilen und sich Gehör verschaffen. Zu sagen: "Hier ist jemand, den etwas bewegt."

Diese Direktheit ist etwas, das nicht mehr selbstverständlich ist in einer Welt, die verspricht, uns alles auf Knopfdruck zuliefern. Andere ansprechen von Mensch zu Mensch, ohne sich hinter dem Glamour technischer Wunderwerke zu verstecken, das fordert Mut, fordert Menschlichkeit. Die Menschlichkeit durch Erzählen neu zu beleben und zu fördern ist daher das Anliegen dieses zweiten Teils.

Im Folgenden wird, ausgehend vom gemeinsamen System der Sprache, der unmittelbare Kommunikationsbezug zwischen Erzähler und Zuhörer dargestellt. Dabei wird besonders dem Sachverhalt Rechnung getragen, dass Kommunikation und Rezeption hier nicht nur über die rationale Sprache geschieht. Was die Zuhörer bewegt, sind vor allem innere Bilder, die aus der Erzählung heraus entstehen, sowie die Körpersprache des Erzählers, die aus seiner Zuwendung der Geschichte und dem Publikum gegenüber erwächst.

Aus diesem Zusammenhang werden zentrale Anhaltspunkte erkennbar, die für das Geschichtenerzählen für verschiedene Altersstufen sowie für die pädagogischen und therapeutischen Aspekte des mündlichen Erzählens von Bedeutung sind.

Abschließend stelle ich eine Reihe von Erzählübungen vor, die sich bildhaft an den vier Elementen und ihren Wesenskräften orientieren. Sie sind als Vorschläge und Beispiele gedacht, um dadurch die Kräfte im eigenen Erzählen zu aktivieren und Lust auf weitere Experimente zu machen.

1 Mündlichkeit und Schriftlichkeit der Sprache

Wie das Wort so wichtig dort war, weil es ein gesprochen Wort war.

Der west-östliche Divan
JOHANN W. GOETHE

Die Sprache ist nach wie vor das wichtigste System, das Menschen verbindet, über das sie sich austauschen und voneinander lernen. Es ist ein allen Sprachteilnehmern gemeinsames System, das es ermöglicht, mit endlichen Mitteln eine unendliche Anzahl von Aussagen zu machen.

Wenn heute von dem Begriff der Sprache die Rede ist, so wird damit in aller Regel zunächst die Schriftsprache gemeint. Denn über sie verläuft aufgrund der Medienvielfalt ein Großteil von Kommunikation. Der mündliche Sprachgebrauch verliert dem gegenüber immer mehr an Bedeutung und wird bereits in den Grundschulen in erster Linie für die Vermittlung von Schriftsprache instrumentalisiert[1].

Dadurch werden Sprache und Schrift in ihrem Gebrauch und in ihrer Bedeutung häufig einander gleichgesetzt, obwohl es sich bei ihnen um zwei verschiedene Systeme von Zeichen handelt, für die jeweils unterschiedliche Gesetzmäßigkeiten gelten: Das akustische System der Sprache und das visuelle System der Schrift, wobei das letztere hauptsächlich dem einen Zweck dient, das erstere darzustellen.

Die gesprochene Sprache, das Erzählen, braucht Face-to-face-Situationen. Es lebt erst auf in einem sozialen Raum und gestaltet diesen durch Interaktion von sprachlichen und nichtsprachlichen Mitteln. Dadurch wird die erzählte Geschichte oder besser noch das Ereignis des Erzählens zu einem gemeinsamen Prozess aller Beteiligten, selbst wenn der Erzähler in dieser Interaktion am aktivsten ist. Er erzählt, schweigt, flüstert, schüttelt den Kopf oder deutet in die Ferne und alles hat eine Bedeutung, ist eine eigene Realität im Moment des Erzählens, auf die die Zuhörer mit Stille und Betroffenheit oder mit Lachen und Händeklatschen reagieren. Gesprochene Sprache zeichnet sich aus durch ihre Dynamik und Intonation. Sie ist korrigierbar, aushandelbar und insofern provisorisch.

[1] Vgl. BAURMANN 1984: Mündlicher Sprachgebrauch; S. 269.

Die geschriebene Sprache, der Text, ist dagegen auf Perfektion hin ausgerichtet und somit statisch. Er wird von einem Autor produziert, der vom Publikum getrennt ist, seine Adressaten sind daher in der Regel anonym. Ihm fehlt die Dynamik und Intonation, er ist unpersönlicher und vermittelt nur wenige Informationen über die Persönlichkeit seines Autors.

Mit großer Wahrscheinlichkeit haben Menschen vor vielleicht fünftausend Jahren angefangen, Schriftzeichen zu benutzen. Wie viel hunderttausend oder Millionen Jahre vorher sie bereits gesprochen haben, liegt im Dunkel der Geschichte. Wenn in diesem Zusammenhang überhaupt die Bezeichnung 'Mensch' verwendet wird, dann weil es sich um Lebewesen handelt, die gekennzeichnet sind als Miteinandersprechende. Denn ihre Sprache und ihr Sprechen brachte Gemeinschaft und Kultur hervor.

Jahrtausende hindurch wurden ausschließlich auf mündlichem Wege Arbeiten koordiniert, Recht gesprochen, Eide geleistet, Geschichten, Märchen und Mythen erzählt. Noch die homerischen Epen entstammen einer schriftlosen Epoche und erst in unserer Zeit entwickelt sich eine Vorstellung davon, welchen Einschnitt es für die Griechen im 8./7. vorchristlichen Jahrhundert bedeutet haben muss, als sie lernten, eine Buchstabenschrift zu gebrauchen.

Mit großer zeitlicher Verzögerung gelangte dieser Einschnitt auch zu uns, wo die große Mehrheit des Volkes bis ins 18. Jahrhundert hinein in einer mündlichen Kultur lebte, während die religiösen und gelehrten Eliten das Latein bereits in Wort und Schrift pflegten. Diese elitäre Literarität wurde durch gesellschaftliche Faktoren wie die Erfindung des Buchdrucks und die allgemeine Schulpflicht immer weiter aufgebrochen: Die Schriftkultur wurde zunehmend zum Allgemeingut. Dadurch hat sie die Sprechkultur aber nicht verdrängt, sondern nur verändert. Es entstand ein Nebeneinander von Oralität und Literarität, aus deren Wechselwirkungen sich unser heutiger Sprachgebrauch entwickelt hat. Denn obwohl Sprache und Schrift zwei unterschiedliche Systeme sind, beeinflussen sie sich gegenseitig, indem sie unseren Sprachgebrauch prägen.

Oralität ist heute also nicht verschwunden, denn immer noch wird erzählt und zugehört. Doch sie hat sich verändert. Sie ist unter dem Einfluss der Schriftkultur sicherlich präziser aber auch distanzierter geworden und hat einiges von ihrer ursprünglichen Unmittelbarkeit verloren.

Mit der Zunahme der medienvermittelten Formen des Sprachgebrauchs, den elektronischen Hör- und Seh-Medien, beginnt sich allerdings eine zweite Oralität zu entwickeln, die dem inneren Bedürfnis folgt, andere anzusprechen und von anderen angesprochen zu werden: "The electronic age is also an age of 'secondary orality', the orality of telephones, radio, and television, which depends on writing and print for its existence"[2].

Auf diesem Hintergrund muss heutiges Erzählen gesehen werden. Sprache und Schrift, Schriftlichkeit und Mündlichkeit, beides steht miteinander in Verbindung und beeinflusst sich gegenseitig: Erzählte Geschichten werden aufgeschrieben und aufgeschriebene werden erzählt. Aus diesem Grund lässt sich das mündliche Erzählen unserer Gegenwart nicht mit dem traditionellen Erzählen der Menschen gleichsetzen, die in mündlichen Kulturen leben. Buchstabe und Schrift haben das Erzählen nachhaltig geprägt, doch sie inspirieren es auch immer wieder neu (vgl. A/Kap. 5.3.2 u. 5.3.3) und haben dadurch teil am Prozess von oralisierter und reoralisierter Literatur.

[2] ONG 1982: Orality and Literacy; S. 56.

2 Kommunikation und Rezeption im Erzählen

> In seinem Selbst bestätigt will der Mensch durch den Menschen werden und will im Sein des anderen eine Gegenwart haben.
> Die menschliche Person bedarf der Bestätigung, weil der Mensch als Mensch ihrer bedarf.
>
> *Urdistanz und Beziehung*
> MARTIN BUBER

Für die Kommunikationssituation des mündlichen Erzählens sind sicherlich zwei Stichworte bezeichnend: Gegenwart und Person. Beides sind Begriffe, die im Zuge der Globalisierung, Technisierung und Individualisierung des Lebens ihre für den Menschen wichtigste Bedeutung, die des Daseins nämlich, weitgehend verloren haben.

Denn wie erfährt eine Achtjährige heute Gegenwart und Person, wenn sie täglich zwischen zwei Haushalten pendelt? Oder bei einem Telefonat: Wo und wann treffen sich die beiden im Gespräch: In der Fußgängerzone oder im Aufzug, beim Bügeln oder beim Einkaufen, in Düsseldorf oder in Dortmund? Oder irgendwo dazwischen? Es wird klar, warum die Homepage eigentlich Home-page heißt. Das Leben ist virtuell geworden. Doch was uns dabei abhanden gekommen ist, ist ein Zuhause, das uns wirklich noch Geborgenheit schenken kann. Deshalb wird immer deutlicher, warum wir gerade heute das Erzählen brauchen. Denn in diesem zerrissenen Leben sind letztlich unsere Geschichten unser Zuhause, erlebte wie erfundene und alles dazwischen. Durch Selbsterzählungen binden wir die Splitter und Facetten unserer Existenz zusammen und können auf diese Weise wieder ein Ganzes, ein Individuum, werden.

Das Erzählen schafft hier die Möglichkeit und fördert die Fähigkeit, selbst aus beschädigten Lebensverläufen und chaotischen Ereignissen eine 'heile' Identität zu formen.

Eine Geschichte zu hören, von Mensch zu Mensch, bedeutet vor allem, eine Person zu erleben und was 'Person' eigentlich bedeutet. Es ist, etwas vom anderen zu erleben, aber auch, etwas tief in uns selbst zu erleben. Dabei werden auf unterschiedlichen

Ebenen, wie durch verschiedene vernetzte Sprachen, unzählige Informationen gleichzeitig vermittelt (Sprache, Körpersprache, eigene innere Bilder). Dieser ganzheitliche Zusammenhang ist es, durch den sich mündliche und schriftliche Kommunikation am stärksten voneinander unterscheiden.

2.1 Die Sprache der Bilder

Wenn wir die Entwicklung der Schriftsprachen bis zu ihren Anfängen zurückverfolgen, so können wir in jedem Kulturkreis feststellen, dass sie sich zur Malerei hin auflösen. Aus den ersten Höhlenmalereien gingen vor Jahrmillionen bestimmte Darstellungen hervor, die der damaligen Gemeinschaft bestimmte Bedeutungen vermittelten. Diese Darstellungen wurden mehr und mehr auf ihre zentralen Merkmale hin reduziert und schematisiert, sie wurden wiederholt verwendet, prägten sich ein und legten damit den Grundstein für die Entwicklung der Schrift, die zunächst eine Bilderschrift war.

Dieser Blick in die archaische Geschichte macht deutlich, warum prägnante Bildhaftigkeit auch heute noch für das Erzählen eine so große Rolle spielt: Bedeutungen werden in erster Linie durch 'Bilder' vermittelt. Deshalb bedeutet Erzählen nicht nur erklären, sondern vor allem 'zeigen'. Jedes Bild, das im Erzählen ausgemalt und gezeigt wird, schließt unzählige Informationen und Bedeutungen in sich ein. Diese archaische Art von Kommunikation, die Erfahrung erzählter bzw. im Erzählen erlebter Geschichten, ähneln sehr der Erfahrung eines Traumes:

Wenn Geschichten erzählt werden, ist die Ausgangssituation prinzipiell immer die gleiche. Die Menschen sitzen auf ihren Stühlen und sind anfänglich neugierig, gespannt, bisweilen auch skeptisch, vor allem aber sind sie sehr wach.

Dann, je nach der Erzählung, entspannen sich die Gesichter. Man lauscht und ist bald völlig in den Szenen der Geschichte absorbiert. Die Wendungen und Geschehnisse finden sich in der Körpersprache von Erzähler wie Zuhörer wieder und ihre Augen haben aufgehört, den äußeren Raum zu sehen, sondern sind statt dessen ganz den inneren Welten zugewandt. "Erzählen heißt: sich selber zuhören", das gilt für Erzähler genauso wie für Zuhörer. Wie im Traum steigen Bilder, Erfahrungen und Erinnerungen auf, und das angespannte Alltagsbewusstsein weicht einem anderen, offenen Bewusstsein aus Vorstellungskraft und Phantasie. Wie der folgende Erfahrungsbericht verdeutlicht, hat dieses empfangende Bewusstsein besondere Eigenschaften, die dem

Menschen auch angesichts von Not und Bedrängnis Sicherheit und Geborgenheit bieten:

> Nachts war Fliegeralarm. Ich wurde aus meinen Träumen gerissen, alles eilte in den Bunker. Draußen krachte es entsetzlich, Kinder und Frauen weinten, manchmal löffelten wir um ein Tischchen gedrängt gemeinsam und schweigend aus einer großen Suppenschüssel. Diese Nächte habe ich als äußerst bedrückend in Erinnerung. Ich hatte keine Ahnung, worum es eigentlich ging und kam mir winzig klein vor und unbedeutend. Doch dann sitzt eines Tages ein hagerer Mann unter uns und ist von dunklen Flecken gezeichnet, die tiefen Augenhöhlen sind leer, und in seinen Fingern hält er ständig eine qualmende Zigarette. Er erzählt von Drachen und Feen, schönen Mädchen und stolzen Königen, findet kein Ende, erzählt und erzählt. Plötzlich bin ich wichtig! Denn er erzählt nur für mich, dessen bin ich sicher. Ich will ihm ganz nahe sein, nichts sehen als sein gezeichnetes Gesicht und seinen Worten lauschen, am liebsten in ihn hineinkriechen. Später erfuhr ich von meiner Mutter, ich sei regelmäßig während seiner Erzählungen eingeschlafen.
> Kriegszeit verbindet sich bis heute für mich mit traumhaften Geschichten von leuchtenden, funkelnden Welten voller Hoffnung – und Märchen lassen Bunkernächte in mir aufsteigen. Dieser ausgemergelte kriegsversehrte Mann hat mir einen Schatz fürs Leben geschenkt (ZOBUS 2000: "Erzähl – Erzähl!", S. 19).

Die Kommunikation über innere Bilder, die über das rein Verstandesmäßige weit hinausreicht, besitzt für die Psyche heilsame Eigenschaften. Diese Heilkraft braucht gar nicht besonders intendiert zu werden. Sie geschieht aus dem Unbewussten heraus. Alles, was nötig ist, ist bildhaftes Erzählen, von dem sich die Psyche der Zuhörer ihre 'Nahrung' holen kann.

Seit Jahrtausenden haben notleidende Menschen auf der ganzen Welt ihr Heil in Geschichten gesucht, ob sie nun mitten in der Wüste vom Paradies erzählten oder vom ewigen Leben nach dem Tod eines Freundes. Wünsche, Sehnsüchte und Ängste sind es, die hinter diesen Bildern stehen und im Erzählen psychisch verarbeitet werden.

Von den Indianern wird beispielsweise gesagt, dass sie einander, wenn sie sich innerlich zerrissen fühlten, ihre Schöpfungsmythen erzählten, um sich die Welt wieder vom Anfang her zu ordnen und Körper, Geist und Seele in Harmonie zu bringen. Dieser Gedanke ist mir wichtig. Denn wir können die Erfahrung machen, dass gerade die Geschichten und Phantasien über Anfänge den Menschen zu innerer Ruhe, Ausgeglichenheit und Konzentration verhelfen. Es sind oft ganz einfache Geschichten über das Entstehen und Wachsen von Pflanzen oder über das einfache Leben und Arbeiten, wie wir es aus früheren Zeiten oder von Naturvölkern kennen. Auch Geschichten über die Wesenskräfte der Elemente, über Erde, Wasser, Luft und Feuer (s. Kap. 5.2), können uns in ihrer Ursprünglichkeit tief erreichen und unsere Füße auf festen Boden stellen.

Diese heilbringende Wirkung der Bildhaftigkeit auf die Psyche ist in der mündlichen Kommunikation ausgeprägter und unmittelbarer als in der schriftlichen. Denn dort muss zunächst ein Großteil der Aufmerksamkeit dafür aufgebracht werden, aus Buchstaben ein Wort und aus Wörtern einen Satz mit seiner jeweiligen Bedeutung zu entschlüsseln und zu verstehen. Das Lesen, der analytische Umgang mit Schrift und Sprache, ist ein komplizierter Prozess, der lange gelernt und geübt werden muss. Es ist eine Tätigkeit, die beim Menschen hauptsächlich die linke Gehirnhälfte, das Sprachzentrum, beschäftigt, welches rational operiert.

Die Rezeption erzählter Geschichten fordert dagegen auch die rechte, intuitive Hirnhemisphäre. Sie orientiert sich an Erfahrungen, Gefühlen und Bildern, sie erfasst Zusammenhänge eher in ihrer Ganzheit als in ihren Unterschieden und nimmt Sprache und innere Bilder als zusammengehörend wahr. In diesem Sinne fördert das Erzählen und Hören von Geschichten das Verarbeiten und Verstehen sowohl von Sprache als auch von inneren Bildern und steigert so die komplementäre Zusammenarbeit beider Gehirnhemisphären[1].

Rezeptivität im Erzählen bedeutet das Aufnehmen dessen, was sich aus diesem inneren Hinhören auf die eigene Intuition ergibt. Dieses Aufnehmen aus einem selbstlosen Lauschen heraus, wie aus einem träumenden Dialog mit der Geschichte, aber auch mit uns selbst, mit unserer inneren Eingebung, der Intuition, ist die Grundhaltung für jede schöpferische Tätigkeit. In jedem künstlerischen Tun empfangen wir aus dieser Haltung der Rezeptivität heraus weit mehr Botschaften als aus einem nur verstandesmäßigen Nachdenken.

2.2 Die Sprache der Körper

Kommunikation erfolgt im Erzählen aber nicht nur in der geistigen Dimension innerer Bilder, sondern auch in der physischen Dimension von Erzähler und Zuhörer, die, anders als bei Autor und Leser, vom einmaligen Moment ihres Zusammentreffens bestimmt ist.

Der Raum, Licht und Farben, die Gegenstände und die Kleidung, alles körperliche ist bereits der Rahmen der Erzählung, ist eine Atmosphäre, die wortlos etwas mitteilt,

[1] Konflikte dieser Zusammenarbeit (Homolateralität) sind heute die häufigste Ursache für Lernstörungen. Siehe dazu DENNISON 1990: Befreite Bahnen; S. 125ff, und zum Thema Ausgleich durch Erzählrhythmus ZOBUS 2000: S. 33ff.

ganz gleich, ob dies beabsichtigt ist oder nicht. Der Erzähler erzählt in (und mit) dieser Umgebung und allein dadurch haben Geschichte und Umgebung schon miteinander zu tun. Ob schwerer Regen an die Fenster prasselt, der alte Parkettboden bei jeder Bewegung knarrt oder ein Kerzenleuchter auf dem Tisch steht, der Erzähler hat alle Möglichkeiten, im Moment des Erzählens ein Gesamtkunstwerk entstehen zulassen, indem er darauf Bezug nimmt und sich inspirieren lässt.

Diese Kontaktaufnahme und Verknüpfung von Dingen und Gegebenheiten aus der realen und imaginativen Welt, hat ebenfalls einen physischen Ausdruck, sie erfolgt über die Körpersprache: Gestik und Mimik aus der authentischen Haltung zur Geschichte heraus sind für den Erzähler wichtige Mittel, um der Erzählung noch mehr Bildhaftigkeit zu verleihen. Arme und Hände werden dabei zu Werkzeugen, die zeigen und deuten, die Wörter formen, Gestalten beschreiben und fremde Welten in den Raum holen. Die Körpersprache des Erzählers und die Sprache der fiktiven Körper in der Geschichte können dadurch nicht mehr klar voneinander getrennt werden, sie verschwimmen ineinander.

Für die Zuhörer verschmelzen dabei Körper und Person des Erzähler zunehmend mit der Geschichte. Sie sehen nicht mehr den Menschen vor sich, der ihnen etwas erzählt, sondern sie sind (oftmals plötzlich) in der Geschichte und erleben dort etwas jenseits von Zeit und Raum. Der Erzähler hat plötzlich selbst keine Bedeutung mehr, sondern er wird zum Medium der Geschichte, über die er aber viel sehr von sich selbst kommuniziert, da er selbst im Moment des Erzählens diese Geschichte ist mit ihrer Handlung und mit ihren Figuren. Nicht nur Arme und Hände, sondern sein ganzer Körper mit all seiner Ausdrucksfähigkeit erlebt und gestaltet diese Geschichte, die die Zuhörer, jeder auf seine Art und Weise, miterleben.

Man könnte sagen, dass alles Erzählen im Grunde Beweglichkeit und Bewegtheit ist und sich auf Erzähler wie Zuhörer dadurch auswirkt, dass es sie 'bewegt'. Diese Bewegtheit wird in dramatischen Szenen besonders deutlich, wo der Erzähler emotional so dicht am Geschehen ist, dass er es schließlich fast wie aus einer Schauspieler-Rolle heraus in wörtlicher Rede darstellt.

Das deutet daraufhin, dass eine Geschichte eben nicht nur vom Standpunkt eines alles überblickenden Erzählers erzählt werden kann, sondern auch aus dem Blickwinkel einer anderen Person, einer Figur oder eines Objektes der Geschichte. Der Erzähler kann dann in die Rolle der jeweiligen Figur schlüpfen. Ein solcher Wechsel der Erzählperspektive ist ebenfalls stark von körperlichen Aspekten geprägt, da es sich jeweils um die Perspektive eines bestimmten Körpers handelt. Das kann eine Geschichte stark verändern, beispielsweise wenn das Märchen vom Froschkönig einmal aus Sicht des Frosches und dann aus Sicht der Prinzessin erzählt wird. Denn der Erzähler muss sich immer mit der erzählenden Figur identifizieren:

- *Wie fühlt sich ein glitschiger Frosch in einem Brunnen, wie eine junge und schöne Prinzessin in einem Schloss?*
- *Wie klingt die quakende Stimme des Frosches, wie die erhabene oder hochmütige Stimme der Prinzessin?*
- *Wie erzählt der Frosch, wie hockt er auf dem Stuhl und bewegt seine Flossenhände, wie erzählt dagegen die Prinzessin auf ihrem Thron?*

Ist eine bestimmte Perspektive gewählt, muss die dazugehörige Figur weiter vertieft werden. Nur dann kann der Erzähler mit dieser Figur arbeiten, da er vom Publikum mit ihr identifiziert wird. Seine Haltung und sein Erzählen müssen zu dieser Figur passen. Ihr Charakter, ihre Laune, ihre Motive und ihre Geschichte beeinflussen ihren Blick auf die Ereignisse und sind die Grundlage, auf der sich die Zuhörer ein zusammenhängendes Gesamtbild machen. Die Rolle des Erzählers ist es dabei, dieser zunächst imaginative Grundlage durch seine Stimme, seine Körperhaltung, sowie durch Gestik und Mimik einen lebendigen Ausdruck zu verleihen.

Mit dieser Rolle des Erzählers stehen seine Erzählziele in direkter Verbindung: Warum erzählt er diesem Publikum gerade diese Geschichte so, wie er sie erzählt? Was will er damit erreichen? Die Antworten darauf sind dynamische Ziele, die über die Motivation des Weitererzählens einer Geschichte oder über die bloße Unterhaltung des Publikums hinausgehen. Sie ermöglichen eine dynamische Kommunikation mit dem Publikum durch Intonation und Körpersprache.

'*Die volle Wahrheit sagen*'; '*Verwirrung stiften*'; '*die Herzen anrühren*'; '*den Leuten in den Hintern treten*' sind solche dynamischen Ziele. Sie führen direkt ein Bild der jeweiligen Körperhaltung vor Augen und lassen den Ton der Stimme und die Vorgehensweise erahnen: eindringlich, schmeichelnd oder hart. Sie verleihen der jeweiligen Rolle des Erzählers eine enorme Kraft.

2.3 Stimme und Zuwendung

Wenn wir uns schließlich der Frage zuwenden, warum das Verhältnis der Menschen, der Kinder wie der Erwachsenen, zum Erzählen trotz aller anfänglichen Skepsis ein durchweg positives ist, können sicherlich vielfältige Gründe dafür genannt werden. Der wichtigste davon scheint aber mit positiven Erinnerungen an frühere Erzählerlebnisse verbunden zu sein, an Situationen, vielleicht schon aus frühester Kindheit, in denen sich jemand im Erzählen für uns Zeit nahm, wir seiner Stimme zuhörten und Zuwendung erlebten.

Das ist ein Aspekt des Erzählens, von Kommunikation überhaupt, der in dem modernen Kommunikationsbegriff von heute fehlt: Kommunikation ist schnell, ein Informations- und Datenabgleich, der mit wirklicher Zuwendung kaum noch etwas zu tun hat. Wir hören unseren Maschinen zu und die Stimmen, die wir hören, sind häufig nicht mehr primär menschliche, sondern sie kommen von Lautsprechern aus Radio, Fernsehen und Telefon. Wir haben uns an sie gewöhnt, wir leben mit ihnen und sie verschaffen unserem Leben Schnelligkeit, Erreichbarkeit und allgemeine Verfügbarkeit. Wie aber steht es um die Qualität, die Lebensqualität in unserer Welt der unbegrenzten Möglichkeiten? Die Tatsache, dass direkte emotionale Zuwendung im gegenwärtigen Kommunikationsbegriff fehlt, legt die Vermutung nahe, dass sie auch im sozialen Miteinander immer mehr abhanden kommt. Doch dort wird sie mehr denn je gebraucht. Wie tief dieser Aspekt emotionaler Zuwendung wurzelt und wie groß die Sehnsucht danach ist, verdeutlicht die folgende Aussage, die mit vielen Erfahrungen übereinstimmt, die ich in vier Jahren des Erzählens gehört und erlebt habe:

> Wenn mein Großvater mich auf seinen Schoß nahm und mir ein Märchen erzählte, das war für mich das Wunderbarste überhaupt. Wie häufig das geschah und welche Märchen es waren, weiß ich heute nicht mehr. Aber ich habe das so genossen! Ja, ich glaube, dieses Bild trage ich tief in meinem Herzen: Ich sitze auf Großvaters Schoß, und er erzählt mir ein Märchen. Daran muss ich unwillkürlich denken, wenn ich mir überlege, was mich heute veranlasst, zu einem Erzählabend zu gehen (ZOBUS 2000; S. 18).

Wer Geschichten erzählt bekommt, erfährt dadurch unverstellt Zuwendung. Deshalb bleiben uns Erzählerlebnisse als Geschehen in Erinnerung, die glücklich machten und wiederholt werden wollen. In der Authentizität des Erzählers erfährt der Zuhörer: Da ist ein Mensch, dem ich wichtig bin, der von einem Geschick weiß, das ihm bedeutsam ist und woran er mich teilhaben lässt.

3 Erzählen für verschiedene Altersstufen

> In dieser Welt voller Geschichten wurde meine Vorstellung von Vaters magischem Erzählen geboren, einem Erzählen, an dem er mich teilhaben ließe, sobald er nach Hause käme, und das alles übertreffen würde, was ich bis dahin gehört hatte, ja, weit mehr als das.
>
> *Der Geschichtenmacher*
> KJELL JOHANSSON

Erzählen ist Teilen und Mitteilen, ist Ausbruch aus der Isolation des Individuums und Aufbruch in eine gemeinsame Geschichte, in eine Beziehung. Da das Erzählen immer eine Art Beziehung zwischen Menschen initialisiert und gestaltet, muss sich ein Erzähler bei jeder Geschichte auch überlegen, in welcher Beziehung der Inhalt dieser Geschichte zum Publikum steht. Wenn Kindern erzählt wird, haben wir in dieser Hinsicht eine besondere Verantwortung, was aber nicht heißt, dass wir dann genötigt wären, möglichst kindlich, oder vielleicht sogar kindisch zu erzählen. Das wäre in jedem Fall unangebracht, da die Kinder sofort merken würden, dass sich der Erwachsene ihretwegen verstellt und dass sie von ihm nicht richtig ernst genommen werden. Vielmehr sollte aus der Zuwendung und Wertschätzung der Kinder heraus erzählt werden. Die Kinder wollen den Erzähler, so wie er ist. Denn nur so können sie ihm vertrauen und ganz in seine Geschichten eintauchen.

Wenn wir uns dazu entschließen, für und mit Kindern zu erzählen, dann sollten wir uns zuvor die bedeutsame Selbstverständlichkeit vergegenwärtigen, dass Kinder erst seit relativ kurzer Zeit in dieser Welt sind. Hier gibt es für sie viele Dinge, die sie erst sehr selten getan haben, und auch so manches, was sie in ihrem kurzen Leben noch gar nicht getan haben. Sie kennen diese Welt noch nicht so wie wir und alles in dieser Welt hat für sie noch den Zauber des Neuen und Geheimnisvollen. Das ist eben das Glück der Kindheit und gleichzeitig der grundlegende Unterschied zu uns Erwachsenen, die wir schon jahrelang gewohnt sind, unsere Tage routinemäßig zu organisieren. Wir haben häufig verlernt, in den einfachen Dingen das Besondere zu sehen. Aber gerade dort 'wohnen' die Geschichten, in den scheinbar so unbedeutenden

Nischen unserer Welt, in dem alten knarrenden Gartentor oder hinter dem lockeren Ziegelstein in der Mauer.

Erzählen für Kinder bedeutet deshalb, sich daran zu erinnern und zumindest für die Zeit einer Geschichte diese fast vergessene Perspektive noch einmal einzunehmen, wo hinter jeder Ecke ein Geheimnis darauf wartet, entdeckt zu werden. Wenn aus dieser Haltung heraus erzählt wird, dann lauschen selbst Erwachsene wieder mit erwartungsvollen Augen einer Geschichte, deren einfacher Inhalt sie eigentlich langweilen müsste. Doch die wahren Helden, denen unsere Sympathie gilt, sind häufig eben nicht die Personen, die Weltgeschichte schreiben, sondern es sind die einfachen Leute von nebenan.

Die Perspektive und Welterfahrung des Publikums dient dem Erzähler als Orientierung, um seine Geschichten auf die Zuhörer abzustimmen. Dabei sollten wir uns vergegenwärtigen, dass jeder Mensch auf jeder Altersstufe seines Lebens ein bestimmtes Bild von der Welt hat, und zwar aus seiner Sicht ein umfassendes. Objektiv gesehen ist dieses Bild natürlich nicht vollständig, aber das ist es nie. Vermutlich wird kein Mensch die Welt jemals so sehen, wie sie wirklich ist. Aus dieser Unvollständigkeit jedoch abzuleiten, dass hier eine bestimmte Korrektur notwendig sei, ist eine weit verbreitete Anmaßung vieler Pädagogen.

Ein viel besserer Ansatz als diese Besserwisserei ist der gegenseitige Austausch. Durch gegenseitiges Erzählen persönlicher Geschichten erfährt man vom anderen und dessen Welterfahrungen viel mehr, als es durch das sture Lernen irgendeines 'Stoffes' möglich wäre. Wenn wir beispielsweise an unsere Schulzeit denken, so ist der Lernstoff meist kaum noch zu erinnern, aber die Person des Lehrers, sein Verhalten und seine Erzählungen, sie sind uns oft um so lebhafter in Erinnerung und sie haben uns vielleicht viel mehr gelehrt als sein ganzer Unterricht.

4 Pädagogische und therapeutische Aspekte des Erzählens

"Ich habe beim Erzählen nie Angst gehabt, doch bei dir und einigen anderen 'Lehrern'", sagte der Friseur und schaute den Lehrer an, "habe ich nach einer Weile die Lust verloren, weil ihr nicht meine Geschichten, sondern meine Sprachfehler verfolgt habt."

Vom Zauber der Zunge
RAFIK SCHAMI

Aus den bisherigen Ausführungen wird eines deutlich, das ich an dieser Stelle noch einmal besonders hervorheben möchte: Das Erzählen und Erfinden von Geschichten hat, wie das Leben selbst, stets etwas provisorisches, etwas unvollkommenes an sich. Das darf man, trotz aller Meisterwerke der Erzählkunst, nicht verleugnen. Besonders für den pädagogischen Kontext ist es wichtig, sich dessen bewusst zu sein und bereitwillig mit der Unvollkommenheit zu arbeiten. Denn erst durch die Offenheit und Veränderbarkeit der Erzählungen können sich die Entwicklungsspielräume des Individuums entfalten.

Natürlich, es gibt sie, und sicher nicht erst seit Pestalozzi: die 'pädagogischen' Geschichten. Irgendwelche Erzählungen, Märchen oder Fabeln, aus denen Kinder nach Meinung der Erwachsenen etwas ganz bestimmtes lernen sollen. All das ist gut gemeint und sicher auch besser, als auf Geschichten gänzlich zu verzichten. Aber die belehrende Absicht, die oft durch jedes Ereignis der Geschichte hindurchscheint, kann einem schnell die ganze 'Erzähl-Suppe' versalzen, die man dann bis zur 'Moral von der Geschicht' auszulöffeln hat. Mit Erzählen, Austausch und wirklicher Kommunikation hat das dann meistens wenig zu tun (*Mein Lehrer pflegte immer zu sagen: "Das Gegenteil von gut ist gut gemeint."*).

4.1 Intuitives Erzählen für andere

Wie aber kommen wir von einer gut gemeinten Geschichte zu einer guten Geschichte? Die Lösung lautet: Durch wirkliches Erzählen. Denn es ist ein großer Unterschied, ob wir eine Geschichte kennen, die wir vielleicht persönlich gut und lehrreich finden, und die wir jemandem erzählen in der Hoffnung, er möge auch etwas daraus lernen, oder ob wir frei aus einer gemeinsamen Situation heraus erzählen. Im ersten Fall stehen wir gedanklich über unseren Zuhörern, denn wir haben bereits etwas aus der Geschichte gelernt und sind dann in der Regel enttäuscht, wenn die anderen nichts daraus lernen und die Geschichte langweilig finden. Im zweiten Fall stehen wir zusammen mit den anderen in einem gemeinsamen Prozess und sind ebenfalls aufgefordert zu erkennen, was unsere Intuition in Form einer Geschichte über die gegenwärtige Situation mitteilt.

Die pädagogische Arbeit mit Geschichten ist also im künstlerischen Sinne eine wirklich anspruchsvolle. Denn jede erzählte Geschichte enthält bereits ihre eigene Moral, ihre Wertvorstellungen, Beziehungen und Erfahrungen in so komplexer Art und Weise, dass es eine sehr mühsame Arbeit wäre, das alles explizit auszuformulieren. Statt dessen bildet dieses Netzwerk für den pädagogischen Kontext einen imaginären Erfahrungsraum, in dem die Phantasie der Kinder und ihr schöpferisches Denken intuitiv aufgefordert wird, selbst etwas daraus zu lernen.

Die Erfahrung zeigt dabei häufig, dass Geschichten, die intuitiv und spontan aus einer Problemsituation heraus erzählt werden, oftmals völlig neue Zusammenhänge und Lösungsmöglichkeiten erkennen lassen:

> Ich erinnere mich an die Art, wie ein alter Lehrer uns solche Geschichten erzählte. Er lehnte sich, nachdem er reihum die Probleme seiner erwachsenen Schüler angehört hatte, lächelnd zurück und sagte: "Ich erzähle euch jetzt eine Geschichte. Aber denkt daran, dass ich immer mehrere Fliegen mit einer Klappe schlage!" Während der dann folgenden Geschichte, die spürbar auch ihn selber faszinierte, die er auch selber erdacht hatte, hätte man eine Stecknadel zu Boden fallen gehört, so konzentriert lauschten wir auf jedes Wort, damit uns auf keinen Fall entging, was auf uns persönlich passen könnte und, im Bilde versteckt, eine weisheitsvolle Lösung des eigenen Problems anbot (OEHLMANN 1995; S. 231).

Diese Art des spontanen Geschichtenerzählens ist in jüngster Zeit wieder aufgelebt. Allerdings weniger in der pädagogischen Praxis als in der therapeutischen (vgl. "narrative Therapie"). Der vielleicht bekannteste Vertreter derer, die diese Entwicklung mit initiiert haben, ist der Psycho- und Familientherapeut Bert Hellinger. Ich zitiere ihn aus einem Interview mit Norbert Linz, um eine für den pädagogischen Kontext interessante Eigenschaft des Erzählens deutlich zu machen:

> L I N Z Wann setzt du Geschichten ein? Gibt es da bestimmte Regeln?
> H E L L I N G E R Wenn ich mit jemand nicht weiterkomme und ich merke, da ist jetzt eine Blockade, dann fällt mir manchmal eine Geschichte für ihn ein. Viele meiner Geschichten sind auf diese Weise entstanden. Sie haben dann eine überraschende Wirkung.
> L I N Z Wie wirken sie?
> H E L L I N G E R Das erste ist, dass der andere nicht mehr direkt mit mir zu tun hat. Wenn ich ihm direkt etwas sage, zum Beispiel was er machen könnte oder machen muss, dann ist er ein Gesprächspartner und muss sich – selbst wenn das, was ich ihm sage, richtig ist – auch gegen mich abgrenzen. Das schuldet er seiner Würde. Wenn ich ihm aber eine Geschichte erzähle, dann bin nicht mehr ich es, mit dem er zu tun hat, sondern es sind die Personen in der Geschichte. Oft erzähle ich auch nicht ihm die Geschichte, sondern einem anderen, so dass der, um den es geht, gar nicht weiß, dass die Geschichte für ihn bestimmt ist.
> L I N Z Manchmal, zum Beispiel in einer Einzeltherapie, sprichst du den anderen aber auch direkt an. Macht das einen Unterschied? Musst du da vorsichtiger sein, oder verwendest du dann andere Geschichten?
> H E L L I N G E R Es gibt da kleine Tricks. Man kann zum Beispiel sagen: "Ich habe mal einen Mann getroffen, der hat jemandem erzählt. . ."
> L I N Z Du bringst also eine Rahmenhandlung.
> H E L L I N G E R Ja, ich gebe der Geschichte einen Rahmen. Es ist dann eine Geschichte, die ein anderer einem anderen erzählt hat, und mein Gegenüber ist von mir abgelenkt. Der Rahmen schafft eine fiktive Gruppe, in der die Geschichte erzählt wird (HELLINGER 2001: Ordnungen der Liebe; S. 496f).

Aus dieser Textpassage wird eine Besonderheit des mündlichen Erzählens erkennbar, die im Handlungsfeld von Pädagogik und Therapie sehr effektiv sein kann: Die indirekte Kommunikation über fiktive Geschichten. Überall dort, wo direkte Rede scheinbar gegen eine unsichtbare Mauer prallt, wo vernünftige Ratschläge folgenlos bleiben und der äußere Dialog abbricht, können solche Geschichten hilfreich sein. Denn sie katapultieren das Gegenüber aus der eigenen festgefahrenen Problemgeschichte heraus und bilden die Konflikte in einer fiktiven Welt ab, die als unbefangen und offen erlebt wird. Problematische Verhaltensweisen werden hier in den Handlungsfiguren personifiziert und können aus dieser Distanz heraus objektiver und als vom Selbst verschieden erkannt werden. Dadurch eröffnen Intuition und Phantasie neue Lösungsmöglichkeiten, die im Alltag oft nicht gesehen werden können[1].

[1] Zum Erfinden und Erzählen heilsamer Geschichten siehe MOHL 1998: Das Metaphern-Lernbuch; S. 192ff.

4.2 Gemeinsames Erzählen

Solch weisheitsvolle Geschichten eines intuitiven Erzählers sind eine Möglichkeit, wie Erzählen in pädagogischen Handlungsfeldern wirken kann. Die Gruppenarbeit bietet darüber hinaus allen Teilnehmern die Möglichkeit, ihre eigene intuitive Weisheit im Erzählen selbst zu entdecken. Mit gemeinschaftlichen Spielen und kreativen Methoden, wie sie bereits in A Kap. 5 vorgestellt wurden, kann jeder *spielend* zum Erzähler werden.

Dieses gemeinschaftliche Geschichtenerzählen ist dabei handlungsorientiert in zweifacher Weise: Es beschäftigt sich einerseits mit fiktiven Handlungen und deren Zusammenhängen und Konsequenzen, und es ist andererseits für jeden gleichzeitig ein Übungsfeld für ganz konkretes sprachliches Handeln, um sprachliche Fähigkeiten zu fördern und um Sprachstörungen zu beheben.

In diesem Weiter-, Um- und Neu-Erzählen von Geschichten, die zur eigenen Auseinandersetzung mit den verschiedensten Situationen einladen, können ganz unterschiedliche Themen behandelt werden. Das zentrale Anliegen ist dabei, auf fiktionaler Ebene die Fähigkeit zu fördern, mit Ungewissheiten, Widersprüchlichkeiten und mit einer vieldeutigen Wirklichkeit kreativ umgehen zu können. Dabei kann es hilfreich sein, das freie Erzählen mit freiem Malen zu verbinden. Denn das im Malen sichtbar Gewordene wird wieder mit dem inneren Bild verglichen. Dementsprechend wird das Gemalte weiter verändert und das innere Bild bewusster und vollständiger wahrgenommen, so dass in diesen erzählerisch-bildhaften Gestaltungsprozess sich beide Tätigkeiten wechselseitig verstärken.

4.3 Therapeutisches Erzählen

Selbst erfundenen Geschichten bieten immer zweierlei: Sie erzählen in ihrer eigenen Sprache von einer ganz bestimmten Welt. Dadurch bilden sie für alle Beteiligten einen imaginären Lernbereich, in dem Erfahrungen bewertet und organisiert werden und sich sprachliche Fähigkeiten entfalten können. Des weiteren erzählen solche Geschichten aber mit ihrer jeweiligen Sprache, ihren Bildern und ihrer Weltvorstellung immer auch noch eine zweite Geschichte, nämlich die ihres Erzählers, und zwar außerordentlich genau und aufschlussreich.

Es gilt, was zuvor schon gesagt wurde: Der Erzähler und seine Geschichte gehören zusammen, und wie im Traum spiegelt sich hier das eine im anderen wider. Wenn also eine Person eine eigene Geschichte erzählt, ergibt sich aus dieser immer auch ein Spiegelbild der Person in ihrer momentanen Befindlichkeit.
Christel Oehlmann führt dazu ein Beispiel aus, das sie "Erzähl-Analyse"[2] nennt. Darin erfinden fünf Erwachsene gemeinsam eine Geschichte, indem sie der Reihenfolge nach abwechselnd ihre Beiträge ergänzen. Die Erzählung wird schriftlich festgehalten, wofür jeder Teilnehmer einen Stift in der Farbe seiner Wahl erhält, um die einzelnen Beiträge später auseinander halten zu können. Beim Betrachten der Erzählung fällt auf, dass diese Beiträge jeweils einen ganz eigenen Charakter haben, nämlich je nach Wesensart ihres Verfassers. Zur genaueren Analyse dieser Wesensart schlägt Oehlmann bestimmte Leitfragen vor, wie beispielsweise:

- Wer macht den Anfang, wer den Schluss der Erzählung?
- Wie lang sind die einzelnen Beiträge, wer nimmt sich den meisten Raum?
- Welche Farbe gestaltet die Handlung, ist aktiv und übernimmt Verantwortung?
- Wer malt die Situation (nur) aus?
- Welche Motive kommen vor und wie werden sie vom einzelnen durchgesetzt?
- Wer bringt die Handlungsträger ins Spiel und um welche Wesen oder Gegenstände handelt es sich dabei?
- Welchen Bezug haben die Figuren zu den Elementen Erde, Wasser, Luft und Feuer?
- Welche Merkmale charakterisieren die Beiträge einer Farbe?
- Was erkennt der Teilnehmer von sich selbst in der Geschichte und seinen Beiträgen wieder?

Hier haben wir es mit einer therapeutischen Anwendung des Erzählens zu tun, wie sie theoretisch bereits in A Kap. 3.1 behandelt worden ist. Die Erzählung und ihre Bilder werden auf ihren tieferen, d.h. assoziativen, emotionalen und psychischen, Inhalt hin befragt. Das führt zu einer wirklichen Selbsterkenntnis, einem Erkennen als 'Aha-Erlebnis', da auf dem Wege der Intuition und Phantasie immer auch unbewusste Anteile im Erzählen aufsteigen, die dem Erzähler über sich und seine momentane Situation noch nicht bewusst sind. Sie stehen zu den Verhältnissen der realen Welt des Erzählers in analoger Beziehung und eröffnen durch ihre Bewusstwerdung neue Perspektiven und Zusammenhänge, die im anschließenden Erzählen weiter erkundet werden können. Zur Verdeutlichung diene das folgende Beispiel zum Beitrag der Farbe Orange:

> Dieser Adler ist "Zufrieden und glücklich, denn alles hatte seine Ordnung". Aber gerade hier bricht aus dem Traum die Tiefe auf, und es kommt zum Hauptproblem des Märchens: Der Moloch, der aus dem Schlaf in der Tiefe der Berge aufwacht, Schrecken über Körper und Seele bringt und das Gestein erzittern lässt und schließlich nur mit dem "bewährten alten Schlafmittel der Hexe Ismeralda" wieder zum Schlafen gebracht werden kann. Das Skript erläuterte die Verfasserin aus dem persönlichen Kontext ihrer Partnerbeziehung. Ihr ging es erst beim intensiven Betrachten auf, was ihr beim erzählenden Schreiben noch nicht bewusst geworden war: dass sie hier für ihr Lebensproblem einen Ausdruck gefunden hatte, das schon seit Jahren das Bestehen ihrer derzeitigen Ehe und Familie bedrohte und ihr viel zu schaffen machte. Das Schlafmittel erschien ihr bisher als einzige Lösung (OEHLMANN 1995; S. 249).

Hier würde sich ein therapeutische Einstieg über die Bilder der Geschichte anbieten:

- *Wie sieht dieser Moloch aus, was tut er und wie gefährdet er den Adler und seine Welt?* In der fiktiven Erzählung wird es möglich, dieser alles verschlingenden psychischen Macht eine Gestalt zu geben und sie genauer anzuschauen.
- *Was macht die Figur des Adlers aus, wie kann er selbständig den Konflikt lösen, sich mit dem Moloch verbünden oder ihn verwandeln?* Die Kreativität der Phantasie ist das beste Mittel, die gewohnte Alltagsroutine zu durchbrechen und jenseits dieser neue und bessere Lösungen zu finden. Die Selbstheilungskraft der Seele hat hier ihren Ursprung. Deshalb haben die Bilder, die von dort kommen, eine besondere Kraft. Sie vermögen ein Jahre altes Problem in Sekunden zu lösen.
- *Welche Gefühle und Attribute verbinden sich mit den Figuren und Ereignissen in der Geschichte und wo finden diese ihre Entsprechungen in der alltäglichen Realität?* Im Erzählen spricht sich der ganze Mensch aus und es entsteht ein Gesamtkunstwerk der Seele, das für das alltäglich Leben heilsame Aussagen beinhaltet. Die Methoden aus Traumarbeit und Gestalttherapie sind deshalb besonders geeignet, diesen Heilsbotschaften auf die Spur zu kommen[3].

---

[2] Vgl. OEHLMANN 1995; S. 242ff.

[3] Praktische Anleitungen für die therapeutische Arbeit bieten z.B. MILLER 1999: Ein Kurs in Träumen und GOULDING 1988: "Kopfbewohner" oder: Wer bestimmt dein Denken?.

Mit solchen und ähnlichen Fragestellungen kann die Rolle des einzelnen, die in den Beiträgen deutlich geworden ist, von ihrem Autor präzisiert werden. Es handelt sich dabei um die 'Rolle', die er bisher im Leben bevorzugt und mit Erfolg gespielt hat und die er aus diesem Grund auch so perfekt beherrscht, dass sie in all seinen Äußerungen deutlich wird.

Aus der Geschichte heraus wird es nun möglich, dieser meist unbewussten Rolle einen Namen und eine eindeutige Gestalt zu geben (z.B. *der weit blickende Adler; die sich verwandelnde Hexenkatze*, o.ä.). Dadurch sind zunächst einmal Rolle und Subjekt voneinander unterschieden. Aus dieser Position heraus kann das eigene Leben dann ein Stück weit objektiver betrachtet werden, indem wir herausfinden, wie sich die Charaktereigenschaften dieser Rolle in unserem alltäglichen Leben widerspiegeln, in welchen Bereichen sie uns nützlich sind und wo sie uns eher behindern oder schaden.

Daran anschließend können weitere Fortsetzungsgeschichten erdacht und erzählt werden, in denen sich zu der bisherigen Rolle eine weitere gesellt, die wir uns in manchen Alltagssituationen wünschen und die wir für die Zukunft gern neu zur Verfügung hätten. Auch diese Rolle/Fähigkeit wird personifiziert und in die Geschichte eingeführt als eine Gestalt, die uns hilft oder in die wir uns verwandeln können (z.B. *die Autorität als ein aufgestellter Grizzlybär oder die Ruhe und Zurückhaltung eines alten weisen Medizinmannes*). Weil wir im Erzählen ein bewusstes Bild von dieser in uns wohnenden Kraft/Fähigkeit gewinnen, können wir sie auch im alltäglichen Leben dadurch aktivieren, dass wir sie durch Imagination mit psychischer Energie versorgen und sie dadurch stärken[4].

In diesem Sinne bedeutet Therapie hier ein freies Spiel mit phantastischen Elementen, ein freies Assoziieren und Dissoziieren von realem Subjekt und imaginativer Figur. Dadurch ermöglich es die Erschließung neuer Potentiale, einen Ausgleich für verweigerte reale Wünsche und Vorstellungen und ein Freisetzen von unterdrückten Impulsen.

Dieses befreiende Spiel mit den Elementen der eigenen Sprache und Phantasie ist häufig allerdings nicht so ohne weiteres möglich: Erzählbarrikaden tun sich auf, es mangelt an der positiven Wertschätzung der eigenen Phantasie und Intuition, das Ganze macht plötzlich Angst und man bleibt in den Zwängen eines in der Rationalität

[4] Allgemeine Kulturerscheinungen dieser psychischen Möglichkeit reichen von den Krafttieren und Totems der Naturvölker über die Wappentiere der Königshäuser bis hin zu den Kuscheltieren der Kinder.

festgezurrten Bewusstseins befangen. In verfestigten Geschichten, die immer so bleiben sollen, wie sie nun einmal sind. Denn Verändern würde bedeuten, Vertrauen in etwas Neues zu setzen und den Mut aufzubringen, dieses Risiko einzugehen. Um Menschen aus einer solch schwierigen Situation, in der sie nicht 'spielen' können, in einen spielerischen und leichten Zustand zu verhelfen, bieten sich besonders gemeinschaftliche kreative Methoden an, die von Vertrauen, Akzeptanz und einem positiven Gruppengefühl getragen sind. Da in A Kap. 5 bereits derartige Spiele im Hinblick auf das Erfinden von Geschichten vorgestellt wurden, wird im Folgenden schließlich das Spiel mit dem eigentliche Erzählen, mit Körper, Ausdruck und Stimme, thematisiert.

5 Erzähl-Übungen

Unsere Wünsche sind Vorgefühle der Fähigkeiten, die in uns liegen, Vorboten desjenigen, was wir zu leisten imstande sein werden. Was wir können und möchten, stellt sich unserer Einbildungskraft außer uns und in der Zukunft dar; wir fühlen eine Sehnsucht nach dem, was wir schon im stillen besitzen.

Dichtung und Wahrheit
JOHANN W. GOETHE

Psychische Blockaden und Verhärtungen erkennt man daran, dass auch verhärtet erzählt wird. Die Erzählungen fließen nicht. Sie sind so starr, dass sie dem Erzählenden fast den Atem nehmen. Es fehlt jede Unbefangenheit und Beweglichkeit im Sich-Öffnen. Die Ursache hierfür liegt häufig in früheren traumatischen Erlebnissen, in denen vielleicht die naive Offenheit des Kindes missbraucht oder man wegen seiner Phantasie verlacht und persönlich verletzt wurde. Das gegenseitige Vertrauen und die Wertschätzung der eigenen Person wieder herzustellen ist daher das Ziel der ersten Übung.

5.1 Zuhören

Wir sind wieder beim Zuhören angelangt und der Kreis beginnt sich zu schließen. Im Gegensatz zu Teil A geht es jetzt allerdings nicht mehr in erster Linie um ein Sich-selber-Zuhören, sondern um den Kontakt mit dem anderen. Um Vertrauen zu schaffen und Wertschätzung zu fühlen, soll dem anderen zugehört werden, und zwar in der Art und Weise des aktiven Zuhörens:

Es werden Paare gebildet, in denen die Rolle des Erzählers und die des Zuhörers zunächst verteilt und festgelegt wird. Der Erzähler hat dabei einfach die Aufgabe, etwas von sich zu erzählen, also noch keine ausgefeilten Geschichten, sondern lediglich wie er heißt, wo er herkommt, was ihn interessiert, etc. Seine Aussagen erstrecken sich

dabei nur über wenige Sätze, nach denen er eine Pause macht. Denn dann ist der Zuhörer an der Reihe.
Der Zuhörer fasst das, was der Erzähler gesagt hat, mit seinen eigenen Worten zusammen, ohne dazu irgendwelche Kommentare abzugeben. Das mag zunächst etwas fremd erscheinen, da wir es gewohnt sind, zu allem unsere Meinung darzulegen. In dieser Übung können wir allerdings unsere Meinungen getrost mal beiseite lassen, denn hier geht es nicht um uns, sondern nur darum, den anderen in best möglicher (auch emotionaler) Weise zu verstehen. Durch die mündliche Zusammenfassung des Gesagten gibt der Zuhörer dem Erzähler eine Rückmeldung, ob er diesen in seinen Worten richtig verstanden hat. Ist dies der Fall, nickt der Erzähler zustimmend und fährt mit seinen Ausführungen fort. Im anderen Fall korrigiert er den Zuhörer in dessen Auffassung oder ergänzt bestimmte Aspekte, die er dem Zuhörer noch einmal verdeutlichen will. In dieser Weise schreitet die Übung fort, bis der Erzähler den Eindruck hat, genug von sich erzählt zu haben. Dann wechseln die Rollen und der Zuhörer fängt an, von sich zu erzählen.
Diese Übung eignet sich besonders gut für Anfangsphasen und zum gegenseitigen Kennenlernen, da man viel von einander erfährt und jeder einmal erzählen und einmal zuhören kann. Viel wichtiger dabei ist allerdings eine Erfahrung, die wir im Alltag nur sehr selten machen, nämlich die, wirklich verstanden worden zu sein. Es ist etwas sehr Befreiendes, alles, was man will, sagen zu dürfen, mit dem Vertrauen, dass der andere mir zuhört. Er fällt mir nicht ins Wort, er fängt nicht an zu diskutieren und sagt nicht "Ja, aber...."
Diese Tatsache, dass es kein "Ja, aber...." gibt, ist gerade das Heilsame an dieser Übung. Ich brauche mich nicht zu rechtfertigen, darf einfach so sein, wie ich bin und der andere hört mir zu, weil er das, was und wie ich bin, wertschätzt. Das ist die grundlegende Haltung, die hinter dieser Übung steht, ja, die hinter dem ganzen Erzählen steht: Es wird immer Geschichten geben, die einem gut gefallen und welche, die einem weniger gut gefallen. Doch das ist nicht das Entscheidende. Sondern dass der Mensch dort so ist, wie er ist, und uns im Erzählen etwas davon mitteilt, das verdient uneingeschränkter Wertschätzung. Aus dieser Wertschätzung heraus kann wirkliches Selbstbewusstsein entstehen.

5.2 'Elementares' Erzählen

Der Weg, sich selbst bewusst zu werden, ist ein Weg zu sich selbst, zu den eigenen energievollen Möglichkeiten, die im Verborgenen schlummern. Es ist eine Entdeckungsreise, bei der immer wieder die Erfahrung gemacht werden kann: "Ja, das bin ich!" mit aller Vorläufigkeit, die diese Aussage beinhaltet.
Für diesen Prozess von Selbsterkenntnis und Selbstbewusstwerdung steht dem Erzähler ein hilfreiches Instrument zur Verfügung: seine eigene Vorstellungskraft und Phantasie. Die meisten von uns werden ein solches Vorhaben allerdings häufig als schwierig empfinden, weil wir es nicht gewohnt sind, phantasievolle Wege zu gehen. Wir leben leistungsorientiert und denken ständig in Zweck-Mittel-Zusammenhängen, in denen für bildhafte Phantasie kaum Platz bleibt. Außerdem sind wir in aller Regel dazu erzogen, vor allem mit unseren Mängeln und Schwächen kritisch umzugehen, hier immer wieder hinzuschauen und nachzubessern, so dass wir diesen schließlich mehr Beachtung schenken als unseren positiven Möglichkeiten.
Im Gegensatz dazu beruhen die folgenden Übungen darauf, unsere Phantasie bewusst als methodische Möglichkeit für das positive Ausgestalten unserer Persönlichkeit und unseres Erzählens einzusetzen. Es sind Vorschläge, die dazu anregen, weitere Übungen zu erfinden, um die eigenen Erzählmöglichkeiten auch auf eigene Weise zu entfalten. Der Erzähler soll sich hier in seiner Phantasie alles schaffen, was er braucht, um sich wohl zu fühlen, damit er im Erzählen aus seinem unerschöpflichen Überfluss geben kann. Für diesen Zusammenhang dient uns die bildhafte Arbeit mit den Elementen (Erde, Feuer, Wasser, Luft) als Grundgerüst. Denn sie repräsentieren als die vier Urkräfte des Kosmos verschiedene Qualitäten, die auch im Erzählen ihren Ausdruck finden:
Zu viel 'Erde' haben, würde in diesem Sinne bedeuten, dass wir im Erzählen zu sehr am Boden kleben, in der Schwere zu versinken drohen, zu statisch wirken oder sogar stecken bleiben. Fehlt jedoch die Erdenergie, so wird alles körperlos. Es fehlt an Festigkeit, Farbigkeit und an dem Bezug zu sinnlicher Erfahrung. Der Erzähler droht immer wieder abzuheben und den Boden unter den Füßen zu verlieren.
Ebenso stellen sich die anderen Element-Qualitäten dar: Ein allzu 'luftiges' Erzählen wirbelt herum, hat keine Basis, wird atemlos schnell und überschlägt sich in Gedankensprüngen. Fehlt das 'Wasser', wirkt die Erzählung nicht mehr rhythmisch und fließend sondern abgehackt und 'trocken'. Und manch allzu kühlem Erzähler würde in dieser Hinsicht etwas mehr 'Feuer' gut tun.

Aus der Elementen-Lehre lassen sich die Beziehungen zwischen den Elementen auf das Erzählen übertragen, woraus sich unzählige Möglichkeiten für Erzähl-Übungen ergeben. Als Inspirationshilfe kann dabei der Hervorbringungszyklus und der Kontrollzyklus der Elemente dienen:

Der Hervorbringungszyklus

Erde bringt Wasser hervor

Wasser bringt Luft hervor

Luft bringt Feuer hervor

Feuer bringt Erde hervor

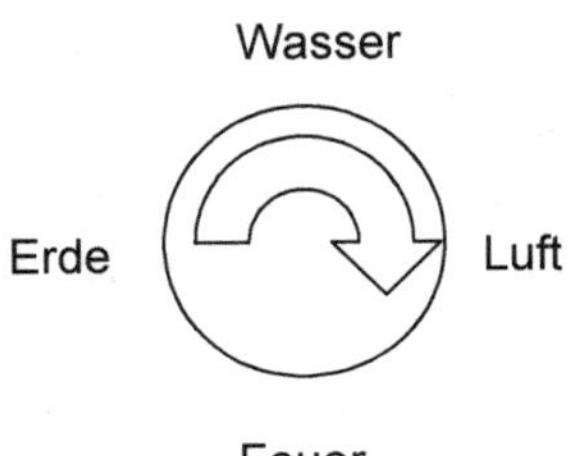

Abb. 2:
Der Hervorbringungszyklus

Der Kontrollzyklus

Erde bezwingt Wasser

Wasser bezwingt Feuer

Feuer bezwingt Luft

Luft bezwingt Erde

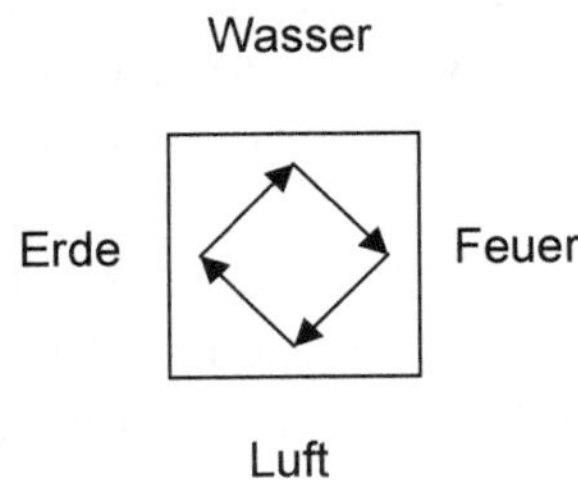

Abb. 3:
Der Kontrollzyklus

In der Meditation über diese universellen Kräfte, ihre Naturphänomene und Wirkungsweisen können tragende Quellen für das eigene Erzählen erschlossen werden.

Der Vorteil, in Erzählübungen auf die vier Elemente einen bildhaften Bezug zu nehmen, liegt darin, dass sie bei allen Menschen in der Erfahrung sind und sich dort der Kontakt mit Urkräften am wirkungsvollsten vollziehen kann. Dabei ist es wichtig, dass die Bilder uneingeschränkt offen bleiben, um der individuellen Wahrnehmung den größt möglichen Raum zu lassen[1].

5.2.1 Erde

Die Elemente haben jeweils selbst ihre eigene Geschichte und unzählige Geschichten verbinden sich mit ihnen. Die Wechselwirkungen und Beziehungen zwischen ihnen bilden ein universales Netzwerk, und wir selbst, unser Körper und unser Wesen, sind ein Teil dieses Netzwerks. In den folgenden Übungen werden wir mit diesen elementaren Kräften in Kontakt kommen, um sie in uns selbst und unserem Erzählen zu aktivieren.

Wenn wir uns auf den Weg zu Selbstbewusstheit machen und uns gleichzeitig vergegenwärtigen, wie wir meistens den Kontakt zur Erde erfahren, so führt dieser Weg zunächst über das Gehen, auf das wir uns jetzt besinnen wollen. Indem wir bewusst gehen (nicht wie üblich unbewusst) und dabei unseren ganzen Körper, jede seiner Bewegungen und ihr Verhältnis zur Schwerkraft spüren, erleben wir 'schrittweise' die Wiederherstellung unserer Ganzheit sowie die Auflösungen von Verkrampfungen, die kein schöpferisches Erzählen zulassen würden.

Das bewusste Gehen verbindet uns mit der Erde und wir beginnen zu spüren, dass wir in jedem Augenblick unseres Lebens mit der Erde in Kontakt stehen. Wir spüren mit unseren Sohlen, dass die Erde uns trägt, uns stützt und dass sie uns sicheren Halt und Geborgenheit schenkt. Mit diesem Gefühl lassen wir Ruhe in uns einkehren und gehen so lange durch den Raum, bis wir zum ruhigen Atem finden.

Dann legen wir uns in bequemer Lage auf einer Decke auf den Rücken (ggf. ein Kissen unter den Kopf / eine zusammengerollte Decke unter die Knie). Gedanklich gehen wir mit unserer Aufmerksamkeit zu unseren Fersen und lassen sie in unserer Vorstellung mit der Schwerkraft immer tiefer in den Boden sinken, wie auf weichem Waldboden oder auf einer Wiese: Erst die rechte Ferse, dann die linke. In gleicher

[1] Es ist ein Unterschied, ob das Element Wasser als Teich, Bach, Fluss oder Meer erlebt wird, denn damit verbinden sich für den Einzelnen ganz verschiedene Bedeutungen.

Weise fahren wir fort und legen erst die rechte, dann die linke Wade mit ihrem Gewicht auf dem Boden ab, dann die Kniekehlen, Oberschenkel und das Becken, die Rippen auf beiden Seiten und die Wirbelsäule: vom Steißbein, Kreuzbein, Taillen- und Brustwirbel aufwärts, die Schulterblätter und Arme, die Halswirbelsäule und der Hinterkopf. In der Vorstellung legen wir auch die Körperteile ab, die einen Abstand vom Boden aufweisen (Taille, Hals). Aus dieser Entspannung heraus haben wir schließlich immer mehr das Gefühl, selbst die Erde zu sein[2], die trägt, fruchtbar ist und in sich ruht. Nach diesem entspannenden Körpercheck können wir mit neuer Energie wieder zum motorischen Teil über*gehen.*
Denn im Gehen stellt sich jetzt die für uns richtige Geschwindigkeit ein, wir gehen nicht zu schnell und nicht zu langsam. In dem für uns stimmenden Rhythmus spüren wir, wie wir innerlich zu uns selbst kommen. Wir fühlen unser lebendiges Gleichgewicht im ständigen 'Erde-Fassen/Erde-Lassen': Unsere Füße fassen und spüren den Boden und lassen ihn im Wechsel auch wieder los. Wir klammern uns nicht an, und wir heben auch nicht vom Boden ab. Wenn wir nun im Gehen einen Reim oder ein Wortspiel ganz leicht vor uns hin sagen, hat es auf natürliche Weise den richtigen Rhythmus. Das ist der Rhythmus, aus dem lebendiges Erzählen entsteht, und der seien Bezug findet in Puls und Atmung des Erzählers, wie auch im übertragenen Sinne in Tag und Nacht oder Sommer und Winter der Erde. In diesem Kraftfeld können wir beginnen, *spielend* zu erzählen, zum Beispiel einen Satz einmal 'im Gehen' und einmal 'im Kommen' zu erzählen, und dabei zu spüren, was sich verändert und wie es wirkt:

- Synchroner Ausdruck durch Stimme/Sprache und authentische Körperbewegung
- Erst Bewegung, dann Sprache
- Erst Sprache, dann Bewegung; und wieder synchron

Bei dieser spielerischen Übung können deutliche Unterschiede von Kommunikation und ihren Effekten erkannt werden, die am besten durch die Übertreibung in Gegensätzen während des Erzählens einer Geschichte gelernt werden:

[2] Um dieses Erleben zu verstärken, eigenen sich besonders Phantasiereisen zum Thema Erde/Garten. Vgl. dazu MAAß&RITSCHL 1996: Phantasiereisen leicht gemacht; S. 58ff und 121ff.

- Standpunkt: Beine parallel (statisch)
- Standpunkt: Schrittstellung (dynamisch)
- Betonung durch Bewegung (Schritt aus dem Stand)
- Betonung durch Pausen im Erzählen
- Arme im Gehen normal schlenkern (im Gegenrhythmus zu Beinen), synchron (wie ein Kamel), und wieder normal. *Welches Gefühl, welche Geisteshaltung steht mit diesen Bewegungsmustern in Verbindung und wie klingt eine Geschichte, wenn sie aus einer bestimmten Bewegungshaltung heraus erzählt wird?*

Die äußere Haltung, das Aufgerichtetsein, zeichnet sich dabei als die Grundbedingung einer klang- und resonanzreichen, kraftvollen Stimme aus. Der Ton wird im Kehlkopf produziert. Seinen Klang erhält er aber in den Resonanzräumen des Kopfes und des Skeletts, der Wirbelsäule des Kreuzbeins, des Beckens und in den Knochen der Arme und Beine. Das sind die Resonanzkörper, die zur Schwingung angeregt werden. Verspannte Muskeln und Sehnen dämpfen den Klang. Sie reduzieren den Schwingungsraum der Knochen und hindern die freie Entfaltung des Atems. Ohne Atem kein Klang, ohne Schwung keine Schwingung.
In der folgenden Übung wird das deutlich:

1. Anfangen, eine Geschichte (normal) zu erzählen
2. Phasenweise Muskeln nacheinander anspannen: Erst die Füße in den Boden drücken, dann Po zusammenkneifen, dann Bauch anspannen, Gesichtsmuskeln anspannen und Mund verkrampfen
3. Phasenweise die Muskeln in umgekehrter Reihenfolge wieder entspannen, von Muskelpartie zu Muskelpartie (dabei die Befreiung und Leichtigkeit spüren)
4. Wieder ganz normal, locker und entspannt erzählen

Bei diesen Übungen wird vor allem erfahrbar, wie sehr innere Anspannung, Körperhaltung und Körpersprache die eigene Stimme, das Erzählen und die Ausdrucksmöglichkeiten allgemein beeinflussen. Da unsere Haltung und Körpersprache immer in Bezug zur Schwerkraft der Erde stehen, sind auch solche Übungen interessant, die im Erzählen erfahrbar machen, wie es ist, sich von der Schwerkraft (einer Geschichte) niederdrücken zu lassen und sich dann wieder aufzurichten, auszustrecken und 'nach den Sternen zu greifen'.

Diese 'geerdete' Haltung ist die Basis des epischen Erzählens zum Beispiel von Märchen und Mythen. Hier spielen besonders kurze Erzählpausen eine wichtige Rolle, um die Aufmerksamkeit der Zuhörer anzuregen. Denn es ist erforderlich, ihnen in der erzählten Geschichte genug Raum für ihre eigenen Assoziationen und ihre inneren Bilder zu schaffen. Auf diese Bilder können sie ihre Aufmerksamkeit aber erst richten, wenn sie einmal für einen Moment lang, nur Bruchteile von Sekunden, nicht zuhören müssen. Besteht für die Zuhörer hier die Möglichkeit, selbst in Gedanken und inneren Bildern in die Geschichte einzusteigen, das Geschehnis mitzuerleben, dann verfolgen sie aufmerksam Wort für Wort. Dadurch ist die Pause ein Mittel, die Wirkung einer bestimmten Passage zu verstärken oder die momentane Spannung zu erhöhen.
Für den Erzähler wiederum bietet das kurze Innehalten die Möglichkeit, die Gedanken und Bilder vorauseilen zu lassen und sich im voraus das Kommende zu vergegenwärtigen.

5.2.2 Wasser

Im Gleichmaß angewendet, bewirkt das Element des Wassers ein schöpferisches, lösendes und fließendes Erzählen. Vor allem aber bietet es uns als Zugang eine große Palette von inneren Bildern, die wir im Erzählen individuell ausgestalten können. Je nach dem, was für uns passt, kann unsere Wasser-Geschichte mit einem alten Brunnen in einem verwilderten Park zu tun haben, mit einem glitzernden See, in dem man sein Spiegelbild erkennt, oder mit den rauschenden Wellen des Meeres. Vielleicht schwimmt dort etwas im Wasser oder es spiegeln sich Bäume und eine alte Mühle darin. Wir können uns geduldig in unserer Phantasie umsehen, vielleicht etwas notieren oder ein Bild dazu malen. In der Auseinandersetzung und im Erzählen bekommen wir einen gefühlsmäßigen Bezug zu dem Wasserrhythmus, der uns, unser Erzählen und unsere Geschichte bewegt.
Es ist der Rhythmus der Wasserwellen, der Ebbe und Flut, der durch zyklische Wiederholungen geprägt ist. Auch im Erzählen finden solch zyklische Wiederholungen statt, indem der Erzähler auf den ersten Teil seiner Erzählung den zweiten aufbaut und dann an den ersten erinnert. Die Zuhörer sind für solche Wiederholungen dankbar, denn sie verlieren dadurch nicht gleich den Anschluss, wenn sie kurzzeitig abgelenkt waren oder etwas nicht verstanden haben. Wiederholungen geben ihrer Auf-

merksamkeit Sicherheit, weil sie selbst das Erzählte nicht zurückholen oder es noch einmal nachlesen können wie im Buch.
Die Wiederholung kann in der Erzählung auch bewusst als Mittel eingesetzt werden, um zentrale Passagen besonders hervorzuheben, oder auch, um durch die entstandene Verzögerung des Fortschreitens die Spannung noch weiter zu erhöhen.

Mit diesem Bewusstsein für die Bedeutung von Wiederholungen legen wir uns entspannt auf den Rücken und vertrauen uns wieder ganz der Erde an. Dann stellen wir unsere Beine auf, die Fußsohlen auf den Boden, die Knie zum Himmel. Kopf und Körper bleiben gerade in einer Linie, nur die Knie sinken beide zusammen langsam nach rechts ab. Der rechte Fuß steht auf der Außenkante, der linke auf der Innenkante.
Dann heben wir die Knie langsam wieder auf in die Ausgangsstellung und wiederholen das langsame Absinken nach rechts. Das Gleiche auch zweimal zur linken Seite. Dann beide Seiten zusammen in langsamem, harmonischem Wechsel, fließend mit dem Atem: rechts – Mitte – links – Mitte – rechts... (1. Seite: Ausatmen und Atempause; zur Mitte hin Einatmen und Atempause; 2. Seite: Ausatmen und Atempause. Dann alles ohne Pausen).
Dann den Kopf in Knierichtung mitbewegen.
Danach den Kopf entgegengesetzt zum Knie bewegen.
Dann Zunge rausstrecken und in Kniebewegung bringen, den Kopf aber weiterhin entgegen der Knierichtung bewegen. Dann wieder alles synchron.
Danach können wir beliebig weiter differenzieren:

In Kniebewegung	**Entgegengesetzt**
Kopf, Augen	Zunge
Zunge, Augen	Kopf
Augen	Zunge, Kopf
Zunge	Kopf, Augen

Am Schluss die Beine ausstrecken und entspannt auf dem Rücken liegen (Spüren: Was hat sich verändert? Stimme ausprobieren! Wie höre ich mich jetzt an?).
Diese Übung lockert die gesamte Muskulatur, die für eine kraftvolle Stimme wichtig ist. Sie fördert darüber hinaus die Kooperation beider Gehirnhälften durch die Über-

Kreuz-Bewegungen und lässt ein ozeanisches Gefühl rhythmischer Bewegtheit entstehen, das ein allgemeines In-Fluss-Kommen bewirkt.
Wirkungsvoll für die Muskulatur der Stimme ist auch das Lutschen eines Bonbons, Wasser in kleinen Schlucken trinken oder das Saugen:
Saugbewegung mit den Lippen, mit der Zunge, mit der Zunge am Gaumen, danach alle Bewegungen zusammenführen.
Saugen und Summen kombinieren: saugend summen auf MM oder auf NG mit und ohne Vokal.
Zum Schluss Mund und Lippen Abspannen auf fffff**t**, sssss**t** und sscchh**t.**
In Bauchlage sind bei dieser Abspann-Übung auch schlängelnde oder kriechende Bewegungen unterstützend, die den Gang von Amphibien nachahmen. Denn wie diese Tiere so bewegen auch wir uns jetzt vom Wasser zur Luft.

5.2.3 Luft

Über seine Stimme erhält der Erzähler den Bezug zur Luft. Sie ist das Medium, durch das seine Geschichte die Zuhörer erreichen kann. Durch Saugen und Summen haben wir in den vorigen Übungen einen intensiven Kontakt zu unseren Stimm- und Sprechwerkzeugen aufgenommen, der Mund aber blieb dabei noch geschlossen und unser Wirkungskreis begrenzt. Je mehr wir uns aber, auch innerlich, öffnen, desto größer wird unser Wirkungskreis.
Um unseren Wörtern 'Flügel' zu verleihen, nehmen wir einen Ball, der sich gut fassen und auffangen lässt, und stellen uns zusammen mit anderen im Kreis auf. Wir beginnen damit, uns den Ball zuzuwerfen, erst links herum, dann rechts herum und dann nach freier Wahl auch diagonal.
Nach einer Weile geben wir dem Ball bei jedem Wurf ein Wort mit, zum Beispiel den Vornamen dessen, der den Ball erhalten soll. Als nächstes geben wir dem Ball ein einsilbiges Wort mit auf den Weg, zum Beispiel "*Hoch*", "*Weit*" oder "*Hier*".
Dann gehen wir zu zweisilbigen Wörtern ("*Mittwoch*") und mehreren Wörtern über ("*Mittwoch Morgen*"), bis wir im freien Spiel und kreuz und quer in einer phantasierten Geschichte stecken, an der alle abwechselnd erzählen.
Bei diesem Spiel sollte darauf geachtet werden, dass das Wort mit dem Ball wirklich mitfliegt und dass es bei seinem Empfänger auch möglichst so ankommt wie der Ball.
Der Sinn liegt darin, dass erkannt wird, wie eng Luft, Atem und Wort miteinander

verwandt sind und dass im spielerischen Erzählen die räumliche Vorstellung von Entfernung, Luft und Ziel realisiert wird.

Um für die folgende Stimm-Übung locker zu werden, springen wir zunächst (zu Rhythmus betonter Musik) auf und ab, um alle Anspannung des Zwerchfells loszulassen. Wir breiten die Arme aus und expandieren so nach vorne und oben, bewegen die Arme gleichzeitig, abwechselnd und gegengleich und lassen die Schultern mit nach hinten kreisen, um unseren Brustraum zu erweitern.
Jetzt können wir damit beginnen, unsere Vokalräume zu erspüren. Dazu tönen wir mit offenem Mund nacheinander die Vokale U, E, O, A, I und spüren, wo wir ihren Klang lokalisieren:

Iiiiiiii auf dem Scheitel
Aaaaa im Außenraum um unseren Körper herum
Ooooo im Innenraum unseres Körpers
Eeeeee im Zwerchfell und den Rippenbögen
Uuuuu im Hüft- und Beckenbereich

Noch kraftvoller werden die Vokale, wenn wir in unserer Vorstellung die Klangrichtung nach hinten oben realisieren, denn dann aktivieren wir das hintere Gaumensegel und der Resonanzraum im Rachenbereich vergrößert sich. Dadurch wird die Stimme voller und tragender (*wie klingt die Stimme, wenn wir eine Wand unmittelbar im Rücken haben, und wie, wenn wir mitten im Raum stehen? Die Klangrichtung geht nach hinten*).
Mit diesen Vokalklängen können wir experimentieren: Beim Tönen einen leichten Expander auseinander ziehen und mit der Muskelanspannung spüren, wie sich jeweils der Klang verändert; die Vokale fließend ineinander übergehen lassen oder gemeinsam einen Laut tönen, bis die ganze Raumluft in diesem Vokal schwingt und vibriert, wobei unzählige Obertöne zu hören sind.

5.2.4 Feuer

Das Feuer spendet den Menschen Wärme und Licht. Für das Erzählen haben diese Qualitäten eine zentrale Bedeutung: Sie machen das Erzählen spannend. Denn wenn eine warme Stimme in einer unheimlichen Geschichte Licht ins Dunkel bringt, oder wenn jemand eine alte Geschichte so erzählt, dass einem ein Licht aufgeht, dann kann man der Ohren der Zuhörer gewiss sein.

Wasser verteilt sich in der Horizontalen. Feuer aber lodert in der Vertikalen empor und hat dadurch etwas lebendiges und dynamisches an sich. Das Feuer-Element umschreibt damit die Basis für dramatisches Erzählen, begleitet von Emotionen und Bewegungen.

Die Geste als sichtbare Beschreibung eines Dinges, Teil oder Andeutung einer Aktion oder als Ausdruck eines Gefühls zusammen mit der entsprechenden Mimik schenkt dem sonst so unfassbaren Erzählen etwas Gegenständliches. Sie erweitert das gesprochene Wort zu einem 'körperlichen' Eindruck, der gerade für Kinder zur Erzeugung eines inneren Bildes, zur eigenen Phantasietätigkeit beim Anhören einer Geschichte notwendig ist. Das Weitererzählen ist nach solch lebendiger Erzählung erleichtert, weil äußeres und inneres Bild eine tragende Gedächtnisstütze liefern: Erinnert sich der Zuhörer an das wilde Herumspringen der Katze unter dem Küchentisch, dann fällt ihm auch wieder ein, warum sie das tat und was zuvor geschehen ist. Eine gute Übung, um die eigene Körpersprache zu aktivieren, ist das Geschichtenerzählen mit besonders übertriebenen Bewegungen oder auch das pantomimische Erzählen ganz ohne Worte.

Neben dem Körperlichen ist die Lebendigkeit der Stimme die zweite wichtige Facette in diesem Zusammenspiel des 'feurig-dramatischen' Erzählens. Ihre Kraft beruht auf ihrer Intonation und ihrem Volumen, das sich nach den Klangräumen richtet, in denen sie schwingt. Da wir in der Übung aus Kap. 5.2.3 die Klangräume mit Hilfe der Vokale bereits erkundet haben, können wir jetzt genauer forschen und feststellen, ob unsere Erzählstimme hauptsächlich aus dem Kopfregister (hohe Stimme), dem Brustregister (mittlere Stimme) oder dem Bauchregister (tiefe Stimme) kommt.

Den dramatischen Erzähler zeichnet die Fähigkeit aus, dass er bewusst über alle Register ohne Brüche verfügen kann. Dies lässt sich in Erzählübungen trainieren, indem wir ganz bewusst nur aus einem bestimmten Register heraus erzählen und dann wechseln, bzw. einen Dialog in verschiedenen Stimme sprechen. Oder wir lassen den hohen Ton des Kopfregisters in die tieferen und volleren Töne von Brust- und Bauchregister gleiten und wieder zurück. Dadurch verschwinden nach und nach die 'Bruchstellen' an den Übergängen und die Stimme wird insgesamt sanfter.

Für mehr Feuer im Erzählen eignen sich besonders auch Feuer-Symbole und Feuer-Geschichten, mit denen wir uns imaginativ beschäftigen können. Dabei können wir uns fragen, welche Bedeutung das Feuer in den jeweiligen Geschichten hat und wo wir diese Bedeutung in unserem Erzählen wiederfinden. Ein Beispiel für eine solche Geschichte ist die Folgende:

Warum Feuersalamander Feuersalamander heißen

Einmal hat es geregnet, und die Salamander haben in ihren Erdlöchern gesessen und gefroren. Da hat einer von ihnen gesagt: "Tief unten in der Erde ist ein großes Feuer. Dorthin will ich!" Die anderen Salamander haben ihn ausgelacht, sie haben gesagt: "Wir wollen lieber auf die Sonne warten."
Aber der eine Salamander ist trotzdem in die Erde gekrochen, an den Baumwurzeln vorbei und immer tiefer. Es war dunkel in der Erde, und der Salamander ist sehr müde geworden. Aber er ist weiter und immer weiter gekrochen, immer tiefer hinunter: an den Wasserquellen unter der Erde vorbei, an den Kohlen unter der Erde vorbei und an den Felsen mit den schimmernden Edelsteinen vorbei. Und endlich ist er an das große Feuer gekommen. Das war so heiß, dass die Steine gekocht haben, und es war außen blau und dann rot und dann gelb, und in der Mitte war es weiß vor Hitze. Da hat der Salamander gestaunt, und er hat sich gewärmt an dem großen Feuer.
Dann ist er wieder nach oben gekrochen. Er hat den anderen Salamandern von dem großen Feuer erzählt, und als sie das gehört hatten, haben sie gar nicht mehr gefroren. Er musste es ihnen immer wieder erzählen, und sie haben dabei den kalten Regen ganz vergessen.

Feuer-Geschichten symbolisieren die wärmende oder gar feurige Intonationskraft unserer Stimme wie auch das emotionale Feuer in unseren Herzen. Sie umschreiben damit einen Punkt, wo im Erzählen 'der Funke überspringen kann', wo dieses Feuer etwas transformiert und aufsteigen lässt wie 'den Phönix aus der Asche'.
Feuer und Erzählen haben etwas gemeinsam: beides wird nur vom Menschen beherrscht. Es sind zentrale Stützen menschlicher Kultur, die uns heute vielleicht weniger bewusst sind, weil wir mit Telefonen auch über weite Entfernungen hinweg sprechen können und weil wir von den Feuern in unseren Heizungen kaum etwas zu sehen bekommen.

Doch schauen wir zurück in die archaische Zeit, so fällt uns auf, dass sich damals um den Erzähler wie um das Feuer die Menschen versammelt haben. Besonders dort entstand soziale Gemeinschaft. Sich mit dem Erzählen daran zu erinnern bedeutet, den Kontakt mit Menschheitserfahrungen über Generationen hinweg wieder herzustellen und ihre Kraft für die Gegenwart zu nutzen. Denn von dort hinten kommt die Kraft, die uns leben lässt. Sie kommt nicht von vorne:

> Unsere Mythen und Geschichten, sie sind das Feuer, das uns wärmt. Dein Großvater hat es für deinen Vater angezündet und zündet es jetzt für dich an.
> Hüte dieses Feuer! Gib es der nächsten Generation weiter, dem Sohn, den du eines Tages haben wirst, damit er es seinerseits seinen Kindern weitergeben kann.
>
> LEONARD CROW DOG
> Lakota-Ältester

Unser beispielhafter Übungskreislauf mit den Elementen hat sich hiermit geschlossen. Sie sind Anregungen, sich mit den Urkräften zu beschäftigen, um von dort aus die archaischen Kräfte, die im Erzählen liegen, neu zu aktivieren.
Um diese 'Reise durch die Elemente' mit weiteren Geschichten zu illustrieren, eignen sich besonders auch die vier Bände aus der Reihe "Märchen der Welt"[3]: "Märchen von der Erde", "Märchen vom Wasser", "Märchen von der Luft" und "Märchen vom Feuer".

[3] Die besten Geschichten sind allerdings immer noch die eigenen.

Zusammenfassung

"Ihr glaubt doch nicht etwa, es sei reiner Zufall gewesen, dass Ihr all die Abenteuer bestanden habt und all den Gefahren entkommen seid und dass all das einzig zu Eurem eigenen Nutzen geschehen ist? Ihr seid ein prächtiger Kerl, Mister Beutlin, und ich habe Euch sehr gern. Aber schließlich seid Ihr doch nur ein kleines Pünktchen in einer sehr großen Welt."
"Gott sei Dank", sagte Bilbo lachend und reichte ihm die Tabakdose.

Der kleine Hobbit
JOHN R. R. TOLKIEN

Wir sind am Ende unserer Expedition in die Zusammenhänge des mündlichen Erzählens angelangt. Rückblickend bleibt uns noch, die zentralen Erkenntnisse der Teile A und B zusammenzufassen und zueinander in Beziehung zu setzen.
Wir haben gesehen, dass das mündliche Erzählen erfundener Geschichten aus drei unterschiedlichen Quellen gespeist wird, die sich wechselseitig beeinflussen: nämlich aus Erfahrung, Selbstbewusstsein und Phantasie.
Dem Erzählen liegt also aufgrund dieser Quellen ein innerer Vorgang zugrunde, der die eigenen Erfahrungen organisiert und immer wieder umstrukturiert. Dabei wird die Entwicklung von Selbstbewusstsein durch die eigene positive Anbindung an lebendige Erfahrungen gefördert, und die Ausprägung von Selbstbewusstsein regt wiederum das Bedürfnis an, sich anderen mitzuteilen. Für die Phantasie und Vorstellungskraft ist ebenfalls die persönliche Erfahrung das grundlegende Fundament, von dem aus bestimmte Sachverhalte auf andere Bereiche übertragen, umgeformt und neu gestaltet werden können. Daher setzt die Anwendung von Phantasie eine möglichst vielfältige Erfahrung der Wirklichkeit voraus und wird so zu einem gedanklichen Experimentierfeld, um wichtige Fähigkeiten im Hinblick auf das Lösen von Problemen und Konflikten zu entwickeln.
Diese inneren Vorgänge, die sich im Erzähler abspielen, erleben die Zuhörer durch die gegenwärtige Erzählung in analoger Weise mit. Denn aufgrund der gesprochenen Sprache, die bei jedem Zuhörer seine eigenen inneren Bilder zur Geschichte entstehen lässt, ordnen sich auch dessen Erfahrungen neu. Eine Erzählung, die vom Zuhörer erlebt und reflektiert wird, wird damit selbst wieder zu einer neuen Erfahrung.

Ihm fällt vielleicht zu manchen Szenen etwas Selbsterlebtes ein und er vergleicht es innerlich mit der Erzählung, oder er fragt sich, wie die Geschichte wohl ausgehen könnte. Deshalb ist das Geschichtenerzählen besonders für Kinder von großer Bedeutung, da sie täglich neue Erfahrungen machen, die organisiert und bewertet werden wollen.

Das Grundmotiv, welches hinter allem Erzählen und dem Bedürfnis, sich anderen mitzuteilen, steht, wird aus der Notwendigkeit dieser Umstrukturierung von Erfahrungen erkennbar. Es ist eine Art inneres Ungleichgewicht, das als Motivkomplex von 'Konflikt und Lösung' in Erscheinung tritt. Das Erzählen ist daher vor allem eine Regulierungsleistung der Psyche des Erzählers, in der Angstbewältigung und Wunscherfüllung eine wichtige Rolle spielen. Vom Erzähler wie von den Zuhörern wird dabei die Fähigkeit zum phantasierenden Genuss einer Erzählung als vitales Prinzip erlebt, als ein Motor intelligenten Lebens. Denn das freie Erzählen in lebendigen, sich verändernden Bildern ist ein Ausdruck, mit den Veränderungen oder auch (Ver-)Wandlungen des Lebens umgehen zu können. Das trifft sowohl in kognitiver Weise im gedanklicher Nachvollzug der Handlung zu, als auch emotional in den Bildern und Gefühlen der Geschichte.

In diesen Bildern wird von den Beteiligten etwas Tragendes erlebt, das größer ist als ein Individuum, nämlich sein Eingebundensein in einen (narrativen) Weltzusammenhang. In archetypischen Bildern wird den Zuhörern ein Zugang und eine Verbindung zu kollektiven Menschheitserfahrungen ermöglicht, welche die Menschen schon immer gemacht haben und machen mussten. Mögen die Figuren, Kulissen und Requisiten in der Zeit auch wechseln, letztlich geht es immer um so allgemeine und unveränderliche Erfahrungen des Menschen wie 'Liebe', 'Aufstieg und Fall' oder 'Suchen und Finden', etc.

Diese Tatsache drückt sich im Handlungsschema von Geschichten aus, dem Plot, der als eine äußere Matrix allgemein menschlichen Verhaltens beschrieben werden kann. Diese Matrizen haben sich über Jahrtausende aus der Menschheitserfahrung entwickelt. Sie sind uns allen bekannt, da wir erahnen können, wie sich zum Beispiel ein Mensch verhält, wenn er in die Enge getrieben wird, was er dabei fühlt und wie er daraufhin handelt. Sie beruhen auf dem allgemeinen Ursache-Wirkungs-Prinzip, das unsere Erinnerungsfähigkeit fordert, um uns an eine Ursache zu erinnern und gleichzeitig unsere Fähigkeit zur Schlussfolgerung anregt im Hinblick auf die zu erwartende Wirkung.

Diese äußere Matrix verläuft analog zu den Archetypen des Unbewussten als einer inneren Matrix, die im freien Erzählen wirkt. Besonders in Märchen und Mythen bringt sie Urbilder der Seele hervor, die psychische Kräfte in bildhafter Form symbolisieren. Das freie Erzählen, als innerpsychischer Prozess verstanden, schafft hierbei einen imaginären Raum, in dem diese psychische Kräfte als Bilder miteinander in Beziehung treten können. Über diese inneren Bilder, über Imagination und Assoziation, ist es dann möglich, am Bild von uns selbst und unserer Weltauffassung zu arbeiten und zu lernen. Damit eröffnet das fiktionale Erzählen für Pädagogik und Therapie einen intermediären Raum, in dem gegenwärtige Probleme und Konflikte auf einer anderen, imaginären Ebene betrachtet und bearbeitet werden können. Auf dieser Ebene können Lösungen oftmals leichter und besser gelingen, da hier, im Gegensatz zur Alltagsrealität, Person und Problem voneinander getrennt werden. Die Konfliktsituation, die sich in einer Geschichte mit ihren Figuren abbildet, ist offener und unbefangener als die eigene festgefahrene Problemgeschichte und Lösungen können dort leichter gefunden werden.

Diese bildhaften Lösungen wirken im Unterbewusstsein vom intermediären Raum der Phantasie auf die Alltagsrealität zurück. Sie haben eine weitaus größere Kraft als das abstrakte Denken in Begriffen, da die Bilder der Erzählung unzählige Bedeutungen in konkreter und anschaulicher Weise gleichzeitig vermitteln können. Erzählen und Zuhören bedeutet daher auch, die Fähigkeit zu trainieren, mit den Unsicherheiten und Widersprüchlichkeiten einer vieldeutigen Wirklichkeit umgehen zu können.

Für das freie Erzählen aus bildhaftem Denken heraus gilt also ähnliches wie für den Traum: Beides hat für die Psyche gewisse heilsame Eigenschaften. Erzählen wie Träumen sind bereits heilsame Prozesse, die im therapeutischen Setting durch Deutung und Interpretation noch bewusster gemacht werden können, da die inneren Bilder sehr detaillierte Botschaften über und für ihren Erzähler enthalten.

Aus dem Vorangegangenen erhellt, dass erzählte Geschichten für Kinder von besonderer Bedeutung sind. Ihre jeweiligen Inhalte sind wichtig in bezug auf Informationen über Leben und Welt und zugleich ein Angebot, das soeben über Welt und Mensch Erfahrene mit dem Erzählen in angemessener Weise zu verarbeiten. Zwar kann man gegen mündliches Erzählen einwenden, dass die Kinder von heute gar nicht mehr daran gewöhnt sind und deshalb in dieser Hinsicht große Hemmungen haben. Daraus jedoch zu schließen, dass sie dann also auch keine Geschichten wollen, ist allerdings, wie alle Erfahrung zeigt, ein Fehlschluss.

Denn zum einen steht fest, dass mit dem Geschichtenerzählen vielfältigste Lernmöglichkeiten verbunden sind, in denen das Kind gleichzeitig Zuwendung und Wertschätzung erfährt. Von einem erwachsenen Menschen als Gesprächpartner ernst genommen zu werden, ist für ein Kind immer ein sehr beglückendes Gefühl und letztlich die Voraussetzung dafür, andere auch ernst nehmen zu können.

Dabei lernt das Kind, dass die Erfahrung mit mündlichem Erzählen gleichzeitig eine Erfahrung mit Erzählern ist, mit verschiedenen Menschen in ihrer je verschiedenen Art und Weise – eine unerschöpfliche Lektion in Menschenkenntnis: "*Wie verändert sich eine Geschichte, wenn Opa sie erzählt, und wie, wenn Papa sie erzählt? Wie kommt es, dass Opa deftiger erzählt? Opa ist so!*"

Dabei bleibt zu beachten, dass Erwachsene ja keineswegs immer bereitwillig den Kindern etwas erzählen. Die Kinder sind deshalb auf eine große Eigeninitiative angewiesen, müssen Strategien entwickeln oder eine günstige Gelegenheit abwarten, um eine Geschichte zu hören. Das veranlasst sie andererseits, nachahmend selbst ins Erzählen zu kommen, anderen Kindern die gehörten Geschichten als eigene zu verkaufen und auf diese Weise ganz natürlich ihre eigenen sprachlichen Gestaltungsmöglichkeiten zu entfalten.

Mit den oben genannten Erfahrungen wird schließlich eines vermittelt:

Geschichten (auch Lebensgeschichten) sind nichts Endgültiges und Fixiertes, sondern etwas grundsätzlich Veränderbares. Diese Veränderbarkeit kann im imaginären Raum des Erzählens erlebt und trainiert werden. Ereignisse, gute wie schlechte, können immer aus verschiedenen Blickwinkeln gesehen werden. Neue Perspektiven können sich unvermittelt auftun und ergeben dann neue Zusammenhänge, Orientierungen und Wertungen. Dieses Neu-Sehen und Um-Erzählen von Geschichten ist eine außerordentlich wichtige Fähigkeit, die vielen Menschen heute fehlt. Der große Einfluss der technologischen Kultur auf alle Lebensbereiche drängt auch der Persönlichkeit immer mehr eine 'Ja-Nein-Schaltlogik' auf. Ein Großteil therapeutischer Arbeit besteht dann darin, diese starren Ansichten und festzementierten Lebens- und Problemgeschichten wieder in bewegliche und lebendige Prozesse zurückzuverwandeln.

Das Fazit lautet also: Mündliches Erzählen bedeutet Lebendigkeit und Veränderbarkeit. Und gerade wegen der technologischen Kultur besteht heute ein großes Bedürfnis nach einer neuen Mündlichkeit, das erkennbar wird in dem Boom der Talk-Shows und der Handys.

Was die Pädagogik angeht, so scheint sie sich in neuerer Zeit vor allem über die Biographie (Biographieforschung und biographische Erziehungswissenschaft) der Bedeutung von Geschichten und narrativen Strukturen wieder bewusst zu werden[1]. Ob es hier, wie in der Psychologie, auch einen narrativen Trend geben wird, bleibt abzuwarten. Mit dem vorliegenden Buch habe ich zumindest Zusammenhänge und Möglichkeiten aufgezeigt, die für pädagogische Handlungsfelder erfolgreich genutzt werden können. Dabei spielte besonders das fiktionale Element des Erzählens eine wichtige Rolle, welches die herkömmlichen biographisch orientierten Methoden übersteigt und neue Möglichkeiten entstehen lässt. Aus der Einsicht heraus, wie vielfältig die Einsatzmöglichkeiten des freien Erzählens sind, entwickelt sich hier für den pädagogischen Kontext natürlich auch eine klare Aufgabe, nämlich die, neue kreative Erzählmöglichkeiten zu schaffen.

[1] Vgl. Hoerning 1991, Baacke/Schulze 1993, Garz 2000.

Anhang

Je vier Beispiele assoziativer Erzähl- und Motivkartensets

Karten zum Märchenerzählen

Motivkarten "Märchenstraße", von Gisela M. Gottlieb.

Karten für Alltagsgeschichten

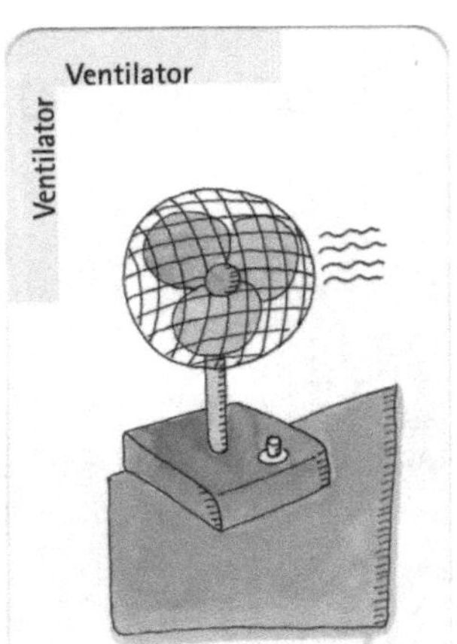

Motivkarten "Think: Memostory", Ravensburger Spieleverlag.

Selbstgemachte Erzählkarten aus Zeitungsanzeigen

Ältester Russe ist 134 Jahre alt

Moskau (dpa). Der älteste Mensch Russlands ist nach Medienangaben ein 134 Jahre alter Kaukasier. Der in der russischen Teilrepublik Dagestan lebende Gairchan Irischanow sei am 14. Juni 1866 geboren, zitierte die Agentur Interfax aus einem Bericht der dagestanischen Zeitung „Nowoje delo". Traditionell haben die Menschen im Kaukasus eine hohe Lebenserwartung. Ein mildes Klima, wenig Stress und guter Rotwein halte die Kaukasier bei Laune und Gesundheit.

Verschiedenes

Schusterei-Putzmaschin, Arkadia, Bj. 49, gut erhalten, Preis 160,-, zu verk., T. 06422/ 5103

Lebensgr. Herren-Schaufensterpuppe, neuwertig, billig abzug.,T. 06422/ 859925

Im Ferrari-Flitzer zum Führerschein

Das schnellste Fahrschulauto röhrt durch das Sauerland. Die Übungsstunde kostet nicht mehr als beim Golf Diesel.

Inder wollen lustiges Olympia

Bombay. Lachen könnte nach einem Bericht der indischen Zeitung „Asian Age" zu einer olympischen Disziplin werden. Der Lachverein „International Laughter Club" in Bombay habe jedenfalls einen entsprechenden Vorschlag gemacht und vom Olympischen Komitee die Antwort bekommen, man werde die Anregung überdenken.

Auf ein Wort Seite 2

Literatur

ARNHEIM, Rudolf: Anschauliches Denken: zur Einheit von Bild und Begriff. Köln: DuMont Schauberg, 1972.

ARTELT, Cordula; u.a. (Hg.): PISA 2000: Zusammenfassung zentraler Befunde. Max-Planck-Institut für Bildungsforschung: Berlin, 2001, [www.mpib.-berlin.mpg.de].

AUER, Peter: Sprachliche Interaktion: eine Einführung anhand von 22 Klassikern. Tübingen: Niemeyer, 1999.

AUER, Peter; HAUSENDORF, Heiko (Hgg.): Kommunikation in gesellschaftlichen Umbruchsituationen: mikroanalytische Aspekte des sprachlichen und gesellschaftlichen Wandels in den Neuen Bundesländern. Tübingen: Niemeyer, 2000.

BAACKE, Dieter; SCHULZE, Theodor: Aus Geschichten lernen: Zur Einübung pädagogischen Verstehens. Weinheim u. München: Juventa, 1993.

BAURMANN, Jürgen: Mündlicher Sprachgebrauch. In: Baurmann, J.; Hoppe, O. (Hgg.): Handbuch für Deutschlehrer. Stuttgart, u.a.: Kohlhammer, 1984, S. 258-280.

BAUSINGER, Hermann: Strukturen des alltäglichen Erzählens. In: Fabula – Zeitschrift für Erzählforschung, 1 (1958), S. 239-254.

BENJAMIN, Walter: Der Erzähler. In: Benjamin, W.: Illuminationen: ausgewählte Schriften. Hrsg. v. S. Unseld. Frankfurt/Main: Suhrkamp, 1969, S. 409-436.

BETTELHEIM, Bruno: Kinder brauchen Märchen. Stuttgart: Deutsche Verlags-Anstalt, 1977.

BLOCH, Ernst: Das Prinzip Hoffnung. Frankfurt/Main: Suhrkamp, 1959.

BÖLL, Heinrich: Ratschläge für mündliche Erzähler: Das wahre Wie, das wahre Was. In: Middelhauve, G.: Dichter erzählen Kindern. S. 278-286.

BOOTHE, Brigitte: Erzähldynamik und Psychodynamik. In: Neumann, M.: Erzählte Identitäten; S. 59-76.

BREDNICH, Rolf W.: Die Ratte am Strohhalm: allerneuste sagenhafte Geschichten von heute. München: Beck, 1996.

BREDNICH, Rolf W.: Die Spinne in der Yucca-Palme: sagenhafte Geschichten von heute. München: Beck, 1990.

Brüder Grimm: Kinder- und Hausmärchen. – nach der 2. Aufl. von 1819. München: Diederichs, 1982.

Bruner, Jerome: Actual Minds, Possible Worlds. Cambridge, Massachusetts, London: Harvard University Press, 1986.

Cicourel, Aaron V.: Sprache in der sozialen Interaktion. München: List, 1975.

Claussen, Claus; **Merkelbach**, Valentin: Erzählwerkstatt.: mündliches Erzählen. Westermann (Praxis Pädagogik), 1997.

Dégh, Linda: Märchen, Erzähler und Erzählgemeinschaft. Berlin: Akademie-Verl., 1962.

Dennison, Paul E.: Befreite Bahnen. Freiburg i. Br.: Verl. F. Angewandte Kinesiologie, 1990.

Dewey, John: Psychologische Grundfragen der Erziehung. München: Reinhardt, 1974.

Dewey, John; **Kilpatrick**, William H.: Der Projekt Plan: Grundlegung und Praxis. Weimar: Böhlaus, 1935.

Dinges, Ottilie; u.a. (Hg.): Märchen in Erziehung und Unterricht. Im Auftr. d. EMG, Kassel: Röth, 1986.

Duden "Etymologie": Herkunftswörterbuch der deutschen Sprache. Mannheim; Wien; Zürich: Duden, 1989.

Eco, Umberto: Im Wald der Fiktionen. Übers. v. Burkhart Kroeber. München; Wien: Carl Hanser, 1994.

Eco, Umberto: Zeichen: Einf. In einen Begriff und seine Geschichte. Übers. v. Günter Memmert. Frankfurt/Main: Suhrkamp, 1977.

Ehlich, Konrad (Hg.): Erzählen im Alltag. Frankfurt/Main: Suhrkamp, 1980.

Fatke, Reinhard: Die Phantasie beim Kinde. Theoretische Studien und eine Pilot-Untersuchung. Habilitationsschrift Tübingen, 1983.

Fatke, Reinhard: Phantasiegeschichten. In: Fatke, Reinhard (Hg.): Ausdrucksformen des Kinderlebens: Phantasie, Spiele, Wünsche, Freundschaft, Lügen, Humor, Staunen. Bad Heilbrunn: Klinkhardt, 1994, S. 9-21.

Feyerabend, Paul K.: Wider den Methodenzwang. Frankfurt/Main: Suhrkamp, 1983.

Freud, Siegmund: Werkausgabe in 2 Bänden, hrsg. u. mit Kommentaren versehen von Anna Freud und Ilse Grubrich Simitis. Frankfurt/Main: Fischer, 1978.

Galli, Johannes: Dynamisches Erzählen. Galli Script, 1999.

Garz, Detlef: Biographische Erziehungswissenschaft. Opladen: Leske & Budrich, 2000.

Geissner, Hellmut: Mündlich: schriftlich: sprechwiss. Analysen 'freigesprochener' und 'vorgelesener' Berichte. Frankfurt/Main: Scriptor, 1988.

Geissner, Helmut: Sprechwissenschaft. Theorie der mündlichen Kommunikation. Königstein/Ts.: Scriptor, 1981.

Genette, Gérard: Die Erzählung. München: Fink, 1994.

Gergen, M. M.; **Gergen**, K. J. (Ed.): Historical Social Psychology. New Jersey: Erlbourn Associates, 1984.

Goeppert, Sebastian; **Goeppert**, Herma C.: Sprache und Psychoanalyse. Reinbek: Rowohlt, 1973.

Goffman, Erving: Rahmenanalyse – Ein Versuch über die Organisation von Alltagserfahrungen. Frankfurt/Main: Suhrkamp, 1977.

Goulding, Mary: "Kopfbewohner" oder: Wer bestimmt dein Denken? 6. Aufl., aus dem Amerikan. Übers. v. L. Schicketanz. Paderborn: Junfermann, 1988.

Gruppe und Spiel: Sonderheft 1999: Geschichten erzählen, erfinden, spielen! 25. Jg., Seelze-Velber: Kallmeyer´sche Verlagsbuchhandlung.

Hahn, Achim: Erfahrung und Begriff: zur Konzeption einer soziologischen Erfahrungswissenschaft als Beispielhermeneutik. Frankfurt/Main: Suhrkamp, 1994.

Hausendorf, Heiko; **Quasthoff**, Uta M.: Sprachentwicklung und Interaktion: eine linguistische Studie zum Erwerb von Diskursfähigkeiten. Opladen: Westdeutscher Verlag, 1996.

Hellinger, Bert: Ordnungen der Liebe: ein Kursbuch von Bert Hellinger. München: Knaur, 2001.

Henne, Helmut; **Rehbock**, Helmut: Einführung in die Gesprächsanalyse. Berlin: de Gruyter, 1979.

Hoerning, Erika M. (Hg.): Biographieforschung und Erwachsenenbildung. Bad Heilbrunn: Klinkhardt, 1991.

Jacobi, Jolande: Die Psychologie von C. G. Jung: Eine Einführung in das Gesamtwerk. Frankfurt/Main: Fischer, 1978.

Jansen, Hugh: Legend: Oral Tradition In The Modern Experience. In: Dégh, L.; u.a. (Ed.): Folklore Today. Indiana University: 1976, S. 265-272.

Johansson, Kjell: Der Geschichtenmacher. Übers. v. S. Dahmann. München: Claassen, 1999.

Jung, Carl G.: Die Archetypen und das kollektive Unbewusste. – 4. Aufl.; Olten: Walter, 1980. (Ges. Werke: Bd. 9,1)

Jung, Carl G.: Psychologie und Alchemie. Olten: Walter, 1972. (Ges. Werke: Bd. 12)

Jung, Carl G.: Psychologische Typen. – 15. Aufl.; Olten: Walter, 1986. (Ges. Werke: Bd. 6)

Jung, Carl G.: Seelenprobleme der Gegenwart. – 2. Aufl.; Zürich: Rascher, 1946.

Kallmeyer, Werner; **Schütze**, Fritz: Zur Konstitution von Kommunikationsschemata der Sachverhaltsdarstellung. In: Wegner, Dirk (Hg.): Gesprächsanalysen. Hamburg: Buske, 1977, 159-274.

Kaminski, Winfried; **Gigas**, Bert: Erzähl doch mal: Geschichten erfinden mit Kindern. Mainz: Matthias Grünewald Verlag, 1998.

Kast, Verena: Die Dynamik der Symbole: Grundlagen der Jungschen Psychotherapie. Olten u. Freiburg i. Breisgau: Walter, 1990.

Kast, Verena: Imagination als Raum der Freiheit: Dialog zwischen Ich und Unbewusstem. 3. Aufl. – München: dtv, 1999.

Kast, Verena: Märchen als Therapie. 7. Aufl. – München: dtv, 1998.

Kiper, Hanna: "...und sie waren glücklich": Alltagtheorien u. Deutungsmuster türkischer Kinder als Grundlage pädag. Arbeit im Sachunterricht. Hamburg: ebv Rissen, 1987.

Knoch, Sieglinde: Die Kunst des Erzählens – Erzählen als Kunst. In: Heindrichs, Ursula (Hg.): Das Märchen und die Künste. Im Auftrag der EMG, Wolfsegg: Röth, 1996, S. 29-41.

Kohl, Eva Maria: Wo wohnen die Geschichten? In: Rank, Bernhard (Hg.): Erfahrungen mit Phantasie. Baltmannsweiler: Schneider, 1994, S. 130-149.

Koller, Siegfried: Vom Wesen der Erfahrung: Persönlichkeitsentwicklung, Alltagserfahrung, Erkenntnisgewinn, schöpferische Leistung; über die Fähigkeit des Gehirns zur Verknüpfung verborgener Zusammenhänge; ein Modell zum Verständnis des Phänomens Erfahrung. Stuttgart: TRIAS, 1989.

Labov, William: Erzählanalyse: mündl. Version persönl. Erfahrung. In: Ihwe, J.: Literaturw. und Linguistik, Frankfurt/Main: Athenaeum, 1973, Bd. 2: 78-126.

Lämmert, Eberhard: Bauformen des Erzählens. Stuttgart: Poeschel, 1972.

Lauster, Peter: Selbstbewusstsein: Sensibel bleiben, selbstsicher werden. 2. Aufl. – Aktual. Neuaufl. Düsseldorf; Wien; New York; Moskau: ECON, 1992.

Leach, Edmund R.: Kultur und Kommunikation. Frankfurt/Main: Suhrkamp, 1978.

Lefebvre, Henri: Sprache und Gesellschaft. Düsseldorf: Pädag. Verl. Schwann, 1973.

Lehmann, Albrecht: Erzählen eigener Erlebnisse im Alltag. In: Zeitschrift für Volkskunde, 74 (1978), S. 198-215.

Leuner, Hanscarl (Hg.): Katathymes Bilderleben: Ergebnisse in Theorie und Praxis. 3. Aufl. – Bern; Stuttgart; Toronto: Huber, 1990.

Liebs, Elke: Das Recht auf Vorfahrt. Natürliches Erzählen in der Therapie. In: Merkel/Nagel 1982.

Lorenzer, Alfred: Sprachspiel und Interaktionsform. Frankfurt/Main: Suhrkamp, 1977.

Maaß, Evelyne; **Ritschl**, Karsten: Phantasiereisen leicht gemacht: Die Macht der Phantasie. Paderborn: Junfermann, 1996.

Märchen der Welt: Märchen vom Feuer. Hgg. u. mit einem Nachwort v. Barbara Stamer. Frankfurt/Main: Fischer, 1996.

Märchen der Welt: Märchen vom Wasser. Hgg. u. mit einem Nachwort v. Barbara Stamer. Frankfurt/Main: Fischer, 1995.

Märchen der Welt: Märchen von der Erde. Hgg. u. mit einem Nachwort v. Barbara Stamer. Frankfurt/Main: Fischer, 1998.

Märchen der Welt: Märchen von der Luft. Hgg. u. mit einem Nachwort v. Barbara Stamer. Frankfurt/Main: Fischer, 1998.

Martinez, Matias; **Scheffel**, Michael: Einführung in die Erzähltheorie. München: Beck, 1999.

Mensak, Alfred (Hg.): Über Phantasie: Siegfried Lenz: Gespräche mit Heinrich Böll, Günter Grass, Walter Kempowski, Pavel Kohout. Hamburg: Hoffmann & Campe, 1982.

Merkel, Johannes: Den Kindern mit Händen und Füßen Geschichten erzählen. Warum Erzählen immer noch ein wichtiges Medium ist und wie dabei kindliche Phantasie Anstöße erhält. In: päd extra 2/1980.

MERKEL, Johannes; NAGEL, Michael: Erzählen: Die Wiederentdeckung einer vergessenen Kunst; Geschichten und Anregungen: Ein Handbuch. Reinbek: Rowohlt, 1982.

MICHEL, Georg; u.a.: Sprachliche Kommunikation: Einf. u. Übungen. Leipzig: Bibliographisches Institut, 1986.

MIDDELHAUVE, Gertraud (Hg.): Dichter erzählen Kindern. Köln: Middelhauve, 1966.

MILLER, Johana: Ein Kurs in Träumen: Träume erinnern, Symbole entschlüsseln, Traum und Wirklichkeit bewusst gestalten. München: Herbig, 1999.

MOHL, Alexa: Das Metaphern-Lernbuch: Geschichten und Anleitungen aus der Zauberwerkstatt. Paderborn: Junfermann, 1998.

NEUMANN, Bernd: Identität und Rollenzwang: zur Theorie der Autobiographie. Frankfurt/Main: Athenaeum, 1970.

NEUMANN, Michael (Hg.): Erzählte Identitäten: ein interdisziplinäres Symposion. München: Fink, 2000.

NICKEL, Sabine; ACHTNICHT, Elisabeth: Geschichten und was man damit machen kann. Berlin: Bruckhardthaus, 1976.

OEHLMANN, Christel: Garantiert erzählen lernen: Ein Übungsbuch. Reinbek: Rowohlt, 1995.

ONG, Walter: Orality and Literacy. London: 1982 (Dt. 1987, Opladen).

PALAGYI, Melchior: Ausgewählte Werke Band II: Wahrnehmungslehre. Leipzig: Barth, 1925.

PETZOLD, Hilarion; PAULA, Michael (Hgg.): Transaktionale Analyse und Skriptanalyse. Hamburg: WVA, 1976.

POLANYI, Livia: What Stories Can Tell Us About Their Tellers World. Poetics Today, 2, 2, 1981, 97-112.

POPP, Walter: Phantasie und Nachdenklichkeit. In: Rank, Bernhard (Hg.): Erfahrungen mit Phantasie. Baltmannsweiler: Schneider, 1994, S. 117-129.

POPP, Walter; ZIMMERMANN, Edith: Wirklichkeit und Phantasie. In: Deutsches Institut für Fernstudien an der Universität Tübingen: Fernstudium Erziehungswissenschaft. Sachunterricht: Studieneinheit Luftballon. Tübingen, 1985.

QUASTHOFF, Uta M.: Eine interaktive Funktion von Erzählungen. In: Soeffner, H. G. (Hg.): Interpretative Verfahren in der Sozialwissenschaft. Stuttgart: Metzler, 1979.

RANK, Bernhard (Hg.): Erfahrungen mit Phantasie. Baltmannsweiler: Schneider, 1994.

RODARI, Gianni: Grammatik der Phantasie: Die Kunst, Geschichten zu erfinden. Leipzig: Reclam, 1992.

ROGERS, Carl R.: Der neue Mensch. Stuttgart: Klett, 1981.

ROGERS, Carl R.: Entwicklung der Persönlichkeit: Psychotherapie aus der Sicht eines Therapeuten. Übers. v. J. Giere. Stuttgart: Klett, 1976.

SCHACHTNER, Christina: Ärztliche Praxis: die gestaltende Kraft der Metapher. Frankfurt/Main: Suhrkamp, 1999.

SCHAFER, Roy: Erzähltes Leben: Narration und Dialog in der Psychoanalyse. München: Pfeiffer, 1995.

SCHUMANN, Otto (Hg.): Grundlagen und Techniken der Schreibkunst: Handbuch für Schriftsteller, Pädagogen, Germanisten, Redakteure und angehende Autoren. Wilhelmshaven: Nikol, 2000.

SCHÜTZE, Fritz: Prozessstrukturen des Lebenslaufs. In: Matthes, Joachim; u.a.(Hg.): Biographie in handlungswissenschaftlicher Perspektive. Nürnberg: Verlag der Nürnberger Forschungsvereinigung e.V., 1981, S. 67-156.

SCHÜTZE, Fritz: Sprache soziologisch gesehen. München: Fink, 1975.

SCHÜTZE, Fritz: Zur soziologischen und linguistischen Analyse von Erzählungen. In: Internationales Jahrbuch für Wissens- und Religionssoziologie, 10, 1976, 7-42.

SPOLIN, Viola: Improvisationstechniken für Pädagogik, Therapie und Theater. Paderborn: Junfermann, 1983.

STÖCKLIN-MEIER, Susanne: Kinder brauchen Geheimnisse. Über Zwerge, Engel und andere unsichtbare Freunde. München: Kösel, 1996.

SUTTON-SMITH, B.: The Importance of the Storytaker: An Investigation of the Imaginative Life. The Urban Review: 1980.

TOBIAS, Ronald B.: 20 Masterplots: Woraus Geschichten gemacht sind. Frankfurt/Main: Zweitausendeins, 1999.

VOPEL, Klaus W.: Geschichtenwerkstatt: Erzählen und Verstehen. Salzhausen: iskopress, 2001.

WASSERZIEHR, Gabriele: Märchen für Erwachsene: Symbolische Lektüren. Frankfurt/Main: Fischer, 1997.

WEGNER, Dirk (Hg.): Gesprächsanalysen. Hamburg: Buske, 1977.

WEHSE, Rainer (Hg.): Märchenerzähler – Erzählgemeinschaft. Im Auftr. d. EMG, Kassel: Röth, 1983.

WHITE, Michael; **EPSTON**, David: Die Zähmung der Monster: Der narrative Ansatz in der Familientherapie. Heidelberg: Auer, 1998.

WIEDEMANN, Peter M.: Erzählte Wirklichkeit: zur Theorie und Auswertung narrativer Interviews. Weinheim u. München: Beltz, 1986.

ZOBUS, Ulrich: "Erzähl – Erzähl!" Von der Lust aufs Erzählen und dem Weg zum Gelingen. Dortmund: verlag modernes Lernen, 2000.

Notizen:

Notizen:

Zum Autor

www.erzaehlschiff.de

Ingo Reinhardt ist Diplom-Pädagoge, Entspannungstherapeut und Geschichtenerzähler. Seit 1998 ist er mit dem Erzählerprojekt "Die fabulierenden Vier" in Theatern, Tagesstätten und Begegnungszentren unterwegs, um das mündliche Erzählen wieder neu in Umlauf zu bringen.

Neben seinen Auftritten als Erzähler gibt Ingo Reinhardt sein Wissen und Können auch in Workshops weiter:

- **Storytelling und narrative Methoden** für HR-Management u. Marketing
- **Narrative Pädagogik und Beratung** für Menschen aus helfenden Berufen
- **Training und Weiterbildung** für mündliche Erzähler und die, die es werden wollen.

Interessenten erreichen Ingo Reinhardt über:
post@erzaehlschiff.de

Zeitfracht Medien GmbH
Ferdinand-Jühlke-Straße 7
99095 Erfurt, Deutschland
produktsicherheit@kolibri360.de